PHASEFREE LIFESTYLE

ながら防災

ラクして備える

フェーズフリーな暮らし方

防災士・キャンプインストラクター
CAMMOC

Introduction

私たちCAMMOC《キャンモック》は「キャンプのある暮らし」をテーマに、
地球の未来を創造する会社を運営しています。
中心メンバーはマミ、カナ、アヤ。3人のママキャンパーです。

キャンプ歴は20年以上、
CAMMOCとして活動を始めて10年以上が経ちます。

活動を続けるなかでキャンプ道具や知識が
防災に役立つことを実感し、
キャンプ×防災としての可能性に着目した私たちは、
2019年に防災に関する活動もスタートさせました。

近年の自然災害やパンデミックにおいては、
「過去最大」「観測史上最も」「記録的」「異例」というのが
決まり文句であるかのように報道されていますよね。

異常気象も身近なものとなり、世界気象機関も、
それが「新たな日常になりつつある」と指摘しています。

でも、目まぐるしい〝いつも〟の暮らしに手いっぱいで、
起こるかどうかもわからない〝もしも〟を
考えながら生活するのはとても難しいことですよね。

面倒くさがりでズボラな私たちも、
日々の暮らしを優先して防災は後回しになりがちです。

備えが必要なことはわかっているけれど、
熱心に防災に取り組む余裕は正直ない……
というのが多くの人の本音ではないでしょうか。

だから私たちは、仕事をしながら、子育てをしながら、
暮らしを整えながら、快適さや便利さ、心地よさを求めて
〝一石何鳥〟にもなる方法を自然と見つけるようになりました。

それが防災にもつながっていることに気づいた時、
自分たちの暮らしが、ある言葉とつながりました。
それが「フェーズフリー」です。

「フェーズフリー」は
日常（平常時）と非常（災害時）のフェーズをなくし、
〝いつも〟の暮らしを豊かにするものが、
〝もしも〟の時も役立ち支えてくれるという考え方。

私たちの身近には、フェーズフリーなことがたくさんあります。
たとえば、普段から部屋が片付いていると掃除がラクになり、
子供が安全に遊べて、さらに避難経路の確保にもなります。
カップ麺やお菓子の買い置きは非常時の備蓄に。

そうやって日常の先に備えがあると考えれば、
防災は「わざわざ取り組むもの」ではなくなると思いませんか？
少なくとも、これを読んでいただいて防災を意識している時点で
はじめの一歩は踏み出しているはず！

生活しながら、遊びながら、楽しみながら、
気づけば防災ができていた私たちの暮らしを通して
フェーズフリーのアイデアやヒントをお届けできればと思います。

Mami

マミ

CAMMOCの創設メンバー。

息子と犬と、築35年の一軒家をセルフリノベーションした家で暮らすシングルマザー。

住まい 郊外の住宅地

移動手段 毎日の買い物は徒歩、都心部へは電車、家族のお出かけは車

CAMMOCでの仕事 キャンプインストラクターと防災士の資格を有し、キャンプや防災事業に関するマインド構築から、ビジュアルデザイン・制作・運営までのトータルコーディネートをおこなう。

幼少期のガールスカウトでサバイバル感覚を身につける。大学時代は心理学を専攻。卒業後は海外生活や日本語教師の経験も。

自然を活かした空間コーディネートが得意で、イベントや撮影の場で心に残るキャンプ空間をつくり続けている。

息子が4歳の時にふたりで日本一周キャンプ旅を始め、6歳の時にはニュージーランドでキャンプをするなど、軽やかなフットワークが取り柄。

現在は、親子で発展途上国の学校支援活動にも取り組んでいる。

Kana

カナ

CAMMOCの創設メンバー。
夫婦と娘2人の4人家族。海の近くの一軒家で暮らし、
自営業の夫と在宅勤務が多い日常。

住まい 海沿いエリアの住宅地

移動手段 幼稚園の送り迎えや買い物など、日常の移動は車

CAMMOCでの仕事 キャンプコーディネーターでありながら、フードコーディネーターの顔をもつ。家庭料理研究家として、日々役立つ簡単レシピのほか、キャンプや防災レシピの制作もおこなう。

四六時中、食べたいものや料理のことを考えている食いしん坊。幼少期からマイペースでのんびり屋な性格で、今は自称ズボラママ。家事は得意ではないけれど、だからこそ思いつく簡単で美味しいアイデア料理が自慢。夢は家族で世界中の美味しいものを探しながら旅をすること。
料理の研究など一人時間を大切にしつつ、休日はキャンプや地域のイベントに出かけたり、自宅に友人を招いてBBQをしたりして楽しむ。砂浜のある海へは徒歩で行くことができ、自然に日々癒されている。

Aya

アヤ

夫と、娘と息子の4人家族で、
CAMMOC唯一のマンション暮らし。
都心部ながら緑地がある、のんびりした街に住む。

住まい 都内マンション

移動手段 普段は電動アシスト自転車と電車、キャンプや旅行はカーシェア利用

CAMMOCでの仕事 キャンプコーディネーター兼ライター。防災士資格を有し、オンライン教室や教育施設で講師を務める。工作が得意で遊びや防災のアイデアマンでもある。

幼少期からキャンプに親しみ、「いつか子供ができたら、父が教えてくれたキャンプがしたい」と思うように。娘が生まれてファミリーキャンプにハマり、SNSで発信するうちにキャンプが仕事になっていく。昔から好奇心旺盛で、計画を立てる時からわくわくが止まらないタイプ。
休日はキャンプや旅行に出かけてアクティブに過ごすこともあれば、家でゲームをしたり動画を観たりしてのんびり楽しむ日も。地域の活動や、子供の学校の活動にも積極的に参加している。

Contents

Part 1 私たちのこと

Part 2 フェーズフリーな住まい

Part 3

"もしも"で見える"いつも"の暮らし

Part 4
これからの時代の防災

Part 5
防災の自分ごと化

part 1

私たちのこと

点と点がつながって関係性ができていく

私たちはキャンプ場が仕事場になることもありますが、制作や執筆活動は自宅でおこない、オンラインでミーティングをしたり誰かの家に集まったりと、状況に合わせて自由に仕事のスタイルを組み立てています。気の合う仲間と好きなことを仕事にしている私たちの暮らしは、一見すると気楽なものに思えるかもしれません。でも、こうして柔軟に自由に取り組めているのは、お互いを尊重し、思いやる気持ちがあるからこそ。そして、活動の目的や想いが同じだからです。支え合い、助け合い、楽しむ時はとことん楽しむ。そんな関係性をみんなで大切にしています。

思えばCAMMOCの立ち上げから、そうやって一つひとつを大切につないできました。2011年、カナが始めた女子キャンプのイベントをきっかけに、参加していたマミと仲間たちで発足。初心者が手ぶらで参加できるキャンプや、ママのためのリラックスキャンプなどを企画運営してきました。次第にアウトドアメーカーをはじめ、様々な企業やメディアから監修や制作の依頼が入るようになり、2020年には、取材側にいたアヤもメンバーに。今では、想いに賛同してくださるサポートメンバーとともに、キャンプをベースとした制作、コンサルティング、イベント企画監修、執筆、講演など、幅広い分野で活動しています。

メンバーの家族みんなでキャンプをすることもあり、家族同士のつながりも強いものになりました。大きなテントを立てて大家族のように眠ることもあれば、大きな輪になって焚き火を囲むこともあります。カナがとっておきのお酒を出すとアヤが道の駅で買ったおやつを出してくれたり、マミが荷物を取りに席を立つと子供たちが集まってきて一緒について行ったり。そんなふ

うに、私たちは心地よい空気感をみんなで共有しながら過ごしています。
メンバー同士に限らず、私たちは人と人とのつながりを大切に考えています。仲よしのご近所さんや仲間を家に呼んでおしゃべりしたり、ごはんを食べたり。キャンプ場で出会った人とでも足りない道具を貸し合ったり、雨が降り出しそうな時は声をかけ合ったり。そうした交流は、同じ音や声、料理のにおいやその場の空気感などを共有して「今、この空間、この時間を共に過ごしている」という居心地のよいつながりを生むことがあります。そんなあたたかいつながりを大切にできれば、一緒に豊かな体験ができたり、楽しい思い出がつくれたり、困った時に手を差し伸べたり、反対に助けてもらったりすることができます。

自然のなかで過ごすということ

キャンプへ行く時は、必要なものを自分で考えて用意し、建物もライフラインもない場所でそれを使って過ごさなければなりません。何を持っていくかはもちろん、同時に、何を残していくのかも考えています。その選択の答え合わせはキャンプ中、ふとした時に始まり、使わなかったお鍋を横目に家に置いてきた読みかけの本を思うこともあります。車で荷物を運べる時は、あまり考えず家にあるものを積み込んで本当に必要なものが足りなかったり、子供が一緒の時は、自分の着替えを忘れて子供の服を着る羽目になったりしたことも。荷造りの回数を重ねるごとに作業には慣れていきますが、必要なものは行き先や気候、自分の体調や気分によって毎回変わるので、答えが定まることはありません。

色々なことを考えながらおこなう荷造りは、様々なことを見つめる作業になります。自分や家族が生きるために必要なものや、逆に必要ではないものを知り、必須ではないけれど自分には大切なものも、だんだんとわかってきます。そう思うと、荷造りって意外と奥深い……。旅行や仕事の出張でも「行った先にアレがなかったら」「天気の影響で旅程が変わったら」と考えるのは同じことです。キャンプの荷造りを続けてきた私たちは、日々の暮らしも、その時々の状況に合わせて柔軟に考えることができるようになりました。おそらく、よく旅行する人や引っ越しをする人も似たところがあるかもしれません。自分がどうしたいか、それがわかっていると選択することはそう難しくないでしょう。

キャンプでは気象状況や周辺環境は行ってみなければわからないことも多く、想定外な事態も起こります。晴れていても風が冷たくて予報の気温と体感温度が

まるで違ったり、テントを立てるポールが強風で折れてしまったり……。それでも自分でどうにかするしかなく、疲れているとか、子供を連れているとか、そんな都合は通用しません。しかし、キャンプという遊びのなかではハプニングさえも楽しめてしまいます。自らの力で乗り越えた達成感は、なんだか癖にもなるんです。不便や不自由だと感じていたことに適応できた経験は、日常の許容範囲を広げてくれるような感覚もあります。

私たちは、自然の怖さを感じたこともありますが、自然の心地よさや豊かさ、優しさもたくさん知っています。それから、生きている実感をくれることも……。あらゆる場面で世界の壮大さに圧倒され、その度にいつも、大切なものは自分のなかにあると気づかされます。

キャンプで身についた動揺しない心

2019年秋、住んでいる地域に猛烈な台風が接近し、未だかつてない規模の災害が起こるだろうというニュースが飛び込んできました。それまでも各地で起こる災害には胸を痛めていましたが、この時ばかりは我が身に迫る危機感がありました。慌てて家のなかを見渡した時、必要なものがいくつも揃っていて、どうすればいいか考える知恵があることに気づき、それで少し冷静になれたことを覚えています。状況を見て判断し、選択できる自分がたくましく思えました。

キャンプの経験は防災訓練になっていることがあり、私たちは身体を温める重ね着の仕方や、ガスや水道がなくても作れる料理を知っていて、生命維持のための衣食住の知恵が身についています。テントや寝袋、ランタンなどの道具もあります。でもあの時、「だから大丈夫」ということにはなりませんでした。

まず、LEDランタンやモバイルバッテリーの充電が切れていました。キャンプから持ち帰り、そのまますぐに片付けていたことを反省しました。これでは何の役にも立ちません。停電すると大変なので、必要なものを急いで充電しました。それから、食品のストックは数日分ありましたが、水が足りませんでした。キャンプの時はキャンプ場の水道を使っていたからです。断水に備えて、キャンプで使うウォータージャグなどに水を汲み入れ、ガスが使えるうちにお湯を沸かして保温できる水筒に入れておきました。

幸いにも事なきを得ましたが、この経験は、道具や知恵を防災にどう活かすか、大切なことを学ぶ機会になりました。そして この経験が後押しとなり、私たちは防災の活動をスタートさせます。

ソーラー充電式のライトやモバイルバッテリーを窓際で充電。

忙しい日々だからこそ意味のある防災を

私たちはキャンプの道具や知恵を使い、無理なく無駄なく、楽しみながら防災する方法を「SDGs防災キャンプ」と名付けて、啓蒙活動を始めました。知識をより活かすために、防災士の資格も取得。そうやって活動を広げながら、私たち自身もそれぞれの防災をアップデートさせてきました。私たちにとってはキャンプ場も自宅も、遊び場であり仕事場であり、家族と生活する場。キャンプをする日もしない日も、「日常」なんです。その日常をよりよくしようと思うと、防災は意識せずともくっついてきましたが、反対に、防災を意識することで日常がよりよくなることもありました。

猛烈な台風の接近に慌てたあの日の反省もそうです。あれから充電式の道具は、使用前ではなく使用後に充電しておくことで、キャンプの前日に慌てることがなくなりました。同時に、災害時の備えにもなります。言われてみれば「たしかに！」と思えるようなことですよね。ほかにも「言われてみれば……」というようなことは身のまわりにたくさんあります。

たとえば「専用商品」と謳われているもの。洗剤であれば、食器用、洗濯用、掃除用、さらにそれらは、ベビー用、ペット用、風呂掃除用、窓掃除用……と続きますよね。でも、「〇〇用」と書かれているだけで成分や効果は同じかもしれません。専用商品はそれ専用でしか使ってはいけない、そんな固定概念を取り除くと、ラクできることがずいぶんある気がします。この話をする時にいつも登場する私たちの定番アイテムが「シェラカップ」。お皿にもお椀にも、コップにもなる万能なキャンプ食器です。目盛りがついていて火にかけられるので、調理道具としても使えます。取っ手

付きで軽くて丈夫なので、子供用食器としても便利。もちろん、お気に入りの器やグラスを選んで食事を楽しむこともありますが、状況に合わせて柔軟に物事を選択できるようになると、心の余裕につながる気がします。

心に余裕が生まれると、日々の暮らしはぐっとラクに、そして楽しくなりますよね。「余裕があるから柔軟になれる」わけではありません。フェーズフリーという考え方に、余裕を生み出す秘訣があるんです。

「SDGs 防災キャンプ」のパンフレット

私たちとフェーズフリー

最近は、キャンプ道具や防災用品を雑貨店や100円ショップで見かけるようになり、インターネットにも情報が豊富で、キャンプも防災も、ずいぶん身近な存在になったと感じています。私たちが活動を始めた頃はそうではなかったので、知識もスキルも、自分たちで試行錯誤しながら身につけてきました。キャンプを快適にするヒントを暮らしのなかから見つけたり、キャンプの知恵や技を暮らしに取り入れたりするうちに、キャンプや暮らし、仕事や遊びのフェーズを自由に行き来していた気がします。だからこそ、〝一石何鳥〟にもなることを選択するようになっていきました。

たとえば、すっかり私たちの生活に馴染んでいる干し野菜などの「ドライフード」もそのひとつ。日常の保存食としても、キャンプの食材としても、災害時の備蓄としても適しています。簡単にできて便利に使えて、栄養たっぷり。野菜ミックスを作っておけば料理の時短にもなるなど、まだまだいいことだらけ。自分の暮らしに合っていると、〝わざわざ〟手間をかけている感覚はありません。

フェーズフリーな暮らしを意識した時、フェーズを取り払って全部を一緒くたに考えることは難しいので、私たちは〝いつも〟と〝もしも〟のフェーズを行き来するイメージを大切にしています。そして軽やかに行き来するために、無理なく楽しみながら試行錯誤し、自分らしいかたちを模索してきました。これは防災に限らず、日々の暮らしや仕事、子育ても同じで、正解があるものではありません。

防災はまず、意識するところから。少しずつでも始めてみると、きっと自信がついてくると思います。その自信は、何よりも心強いお守りになるはずです。

COLUMN

「防災士」の資格取得

もっと防災について学びたい。

そう思い立って様々な情報をかき集め、たどり着いたのが「防災士」という資格でした。日本防災士機構が認証する民間資格で、防災に関する知識や技能を修得し、防災活動等に活かすものです。資格取得には講座や試験があり、すべて修了して防災士台帳に登録されると、防災士としての第一歩が始まります。

防災士の役割は、専門知識をもって自分や家族、友人、地域、職場、社会全体へと防災・減災の輪を広げていくこと。一人ひとりの防災力を高めることが、誰一人取り逃さない防災へとつながります。

私たちは仕事で防災にかかわる場面も多いため、有資格者であることで真摯に向き合い活動する姿勢を、わかりやすくお伝えできるとも感じています。自らも、〝もしも〟の時に慌てず率先して行動できるよう意識し、常に防災に関する情報や知識のアップデートに取り組んでいます。

「自分が生きねば、
大切な命は救えない」
講座で一番
ハッとした言葉。

part 2

フェーズフリーな住まい

気づけば私たちの暮らしはフェーズフリー

性格が異なる私たちは、身につけるものやインテリアの好みも違っています。キャンプ好きという共通点があっても、家の様子はまったく違うんです。まさに三者三様。それぞれ心地よい空間づくりをし、ありのままの自分でいられる無理のない暮らし方をしています。

私たちは必ずしも「ていねいに暮らしている」というわけではありません。そんなふうに見られがちなのですが、手を抜けるところはラクをして、多少ズボラでも続けられる方法を考えて……。そうやって少し先の自分が快適でいられるよう工夫していると、自然と暮らしに「心地よさ」が生まれていきました。そんな暮らしのなかで、非常時にも、普段から使い慣れている道具や習慣になっている行動が自分を守る力になると気づいた時、私たちの暮らしってフェーズフリーなのかも、と感じました。

それから防災士の視点で住まいをさらにアップデート。地震が起こった時に倒れるものがないか、落下して割れるものがないか、防災バッグは持ち出しやすいかどうかなど、基本的な見直しもおこないました。日常も快適になることを意識すると、模様替え感覚で楽しみながら取り組むことができます。キャンプ場で安全を確保した場所にテントを張り、動線や快適さを考えながら道具を配置していくようで、キャンプ経験も活かされました。

100人いたら100通りの暮らしがありますが、どんな家でどんな暮らし方をしていても、防災対策によって被害の規模は変わります。住宅の耐震化やその土地の災害リスクの把握はもちろんですが、生きるために必要な物事が整理できると、住まいも心も軽やかに、豊かなほうへ変化していく気がします。

CAMMOC的 フェーズフリー住宅のポイント

1 安心、安全、安眠

自分や家族の命を守る、安心で安全な場所であることは絶対条件。そして、ライフラインが止まったり、在宅避難をすることになったりしても、生きるために必要な備えがあると安心です。無防備な状態になる寝室の安全対策も、忘れてはいけません。日々の健康維持のためによりよい睡眠をとるためにも、適切な環境を整えましょう。十分な睡眠がとれていることは、いざという時の大事な活力につながります。

2 ストレスフリーな動線

生活・家事動線は、普段からすっきりと片付けておくことが大切。掃除がしやすく、きれいな状態をキープでき、動きやすくなることで自然と家族間のコミュニケーションも活発に。いざという時の避難しやすい環境づくりにもつながります。動線確保のために、泣く泣く好きなものまで断捨離するのはNG。無理をすると、長く続けることが難しくなります。工夫しながら自分らしくいられる環境をつくりましょう。

3 五感が育つ

五感は「気づく力」や「感じる力」であり、「考える力」にもつながります。部屋の外をのぞいて雲の動きを見たり、窓を開けて風や音を感じたり、ベランダで育てた野菜を食べたり、暖炉の火を楽しんだり……。そうした五感をくすぐる工夫を、家のなかや生活のなかに取り入れてみましょう。五感が磨かれると、普段の暮らしの心地よさや家族の成長をより感じられるようになり、非常時は危機察知能力や状況に応じた判断力として力を発揮することができます。

4 キャンプのある暮らし

リビングに小さなテントを張ってみたり、ベランダにチェアを置いてみたり、キャンプを日常のなかに取り入れると、〝いつも〟の暮らしに馴染む新たな居心地のよさが生まれます。夜はライトやキャンドルの灯りで過ごすなど、本格的でなくても非日常感は味わえます。家にいながらキャンプ気分を楽しむなかで、在宅避難や防災を意識してみるのもいいでしょう。キャンプ飯を作ってみたり、キャンプ道具を家で使ってみたり、そうやって過ごしているうちにフェーズフリーな暮らしの可能性はさらに広がっていきます。

完璧を求めない DIYスタイルの家

マミのおうち

築35年、実家の一軒家をセルフリノベーション。新耐震基準をクリアした鉄筋コンクリートの丈夫な家です。

扉付き戸棚がいくつもありましたが、扉の開閉が手間で片付けが面倒に感じたため戸棚を撤去。自分が使いやすいオープンラックをＤＩＹで設置しました。防災を意識し始めると、扉がある収納は防災対策に向いていると気づきましたが、散らかっては意味がないと思い、自分に合った方法を続けています。オープンラックの高いところには重たいものは置かない、割れやすいものは手放すなど工夫するうちに、子供も暮らしやすい家になりました。

植物が大好きで、家のあちこちに置いています。転倒防止の工夫をしたり、ドライフラワーやフェイクも取り混ぜたりして楽しんでいます。

見た目重視で叶えた スマートな玄関

玄関

以前は扉付きの靴箱がありましたが、ここでも出しっぱなしになってしまうのでオープンラックを設置。壁には有孔ボードも。靴は、見せたい好きなものだけを残して断捨離しました。いつもすっきり片付いた玄関になり、避難時もスムーズです。

取り出しやすさも叶えた落下防止のフック付きゴム。

工具箱や懐中電灯、外出時の持ち物をハンギング。

境目のない暮らしで
好きな時に好きなことを

リビング

団らんスペースの奥にパソコン作業などをおこなう仕事スペース、さらにその奥にキッチンと、つながった空間に。家族や仕事、遊びの境目がなく、私の〝大好き〟がたくさん詰まった場所です。

大容量のポータブル電源はサイズが大きくインテリアに馴染ませるのが難しいですが、サイドテーブルにもなるウッドボックスに入れてみるとシンデレラフィット！　ケーブルの差し込み口がある正面も窓のように開き、サイズがぴったりでした。ゲームやノートパソコンの充電にも重宝しています。

お出かけで気づいた大切な日々の備え

ペット

リビングに出しているペット用品は、トイレとお水が入ったシェラカップのみ。お出かけに連れていくことも多いので、違う環境でもパニックにならないよう、おもちゃやブランケットなど「これがないとダメ」というものを増やさないようにしています。

お散歩グッズは玄関の有孔ボードにハンギング。散歩の準備も片付けも、玄関で完結します。災害時は人混みのなかや瓦礫が散乱した道など、犬が歩けない状況が起こることもあるかもしれません。そんな時に備えて、私も犬も、スリングやシューズを使うことに慣れるよう、普段のお出かけにも定期的に取り入れています。

必要最低限のものをコンパクトにまとめた犬用防災バッグ。いつ誰が連れ出してもいいよう扱いやすいショルダー型にし、人間の防災バッグと同じところに並べています。フードはお試し用サイズの小袋のものを常備。キャンプの時はこの防災バッグがお出かけバッグになります。フードの味にも慣れることができ、賞味期限を切らさないようローリングストックもできます。

キッチン

守れるルールで
安全と安心を確保

親子ふたり暮らしで、最近は子供が調理をしてくれることもあります。よく使う食器は、ホーローや木の割れない素材のものにしてオープンラックに収納。割れ物はなるべく扉付きの棚に入れて、地震による飛び出し防止のためロックをつけています。防災を意識し始めた頃はお茶碗も棚のなかに収納していましたが、毎日の出し入れがストレスになり、今はオープン収納にしています。

ルールが細かくたくさんあると子供も守れなくなるので、我が家のキッチン使用のルールは簡単です。「刃物は手に握っている時以外、所定の場所に収納すること」「火から目を離さないこと」そして、「揺れを感じたらキッチンに近づかないこと」。犬も日頃からキッチンに入らないようしつけています。

勾配天井で低くなっているところにハンギングポールを設置。

窓にカーテンをつけていたこともありますが、コンロ付近は汚れやすく、風でひらひら動くと危険なので外しました。代わりに飛散防止フィルムを貼ると、防災や防犯仕様になるだけでなく、見た目もすっきり。窓際で豆苗などの水耕栽培や、天井に設置したハンギングポールでドライフードづくりを楽しめるようになり、心地よい空間になりました。

地震による飛び出し防止のため、冷蔵庫の扉にはチャイルドロック。面倒になったら外そう、くらいの気持ちでしたが、閉まる時にカチッとハマる感覚が気に入っています。

把握できる範囲のローリングストック

押入れ

昔ながらの奥行きある押入れは大容量なのに奥のものが取り出しづらかったので、思いきってDIYで可動棚を設置。パッと見て中身が把握できるアミカゴに、食料品のストックを入れています。生鮮食品や開封済みのものはキッチンに置きます。

ここにあるものはすべて備蓄であり、普段も食べているものです。防災では分散備蓄が推奨されているので、以前は収納場所を分けていました。でも、期限を切らしてしまったり無駄に買い足してしまったりと、ローリングストックがうまくできなかったんです。私の場合は普段使う食品と備蓄をまとめて保管し、確認する場所を1か所にすることで、食事の支度も買い物も、ローリングストックも、すべてがラクになりました。

食料品のほか、生活用品も収納。取り出しづらい上段奥は、非常時に備えて期限を気にしないトイレットペーパーやペットシーツ、非常用トイレなどを半永久保管するスペースに。何がどれくらいあるかわかるよう透明のケースに入れています。普段使うものは下段に収納してローリングストックしています。

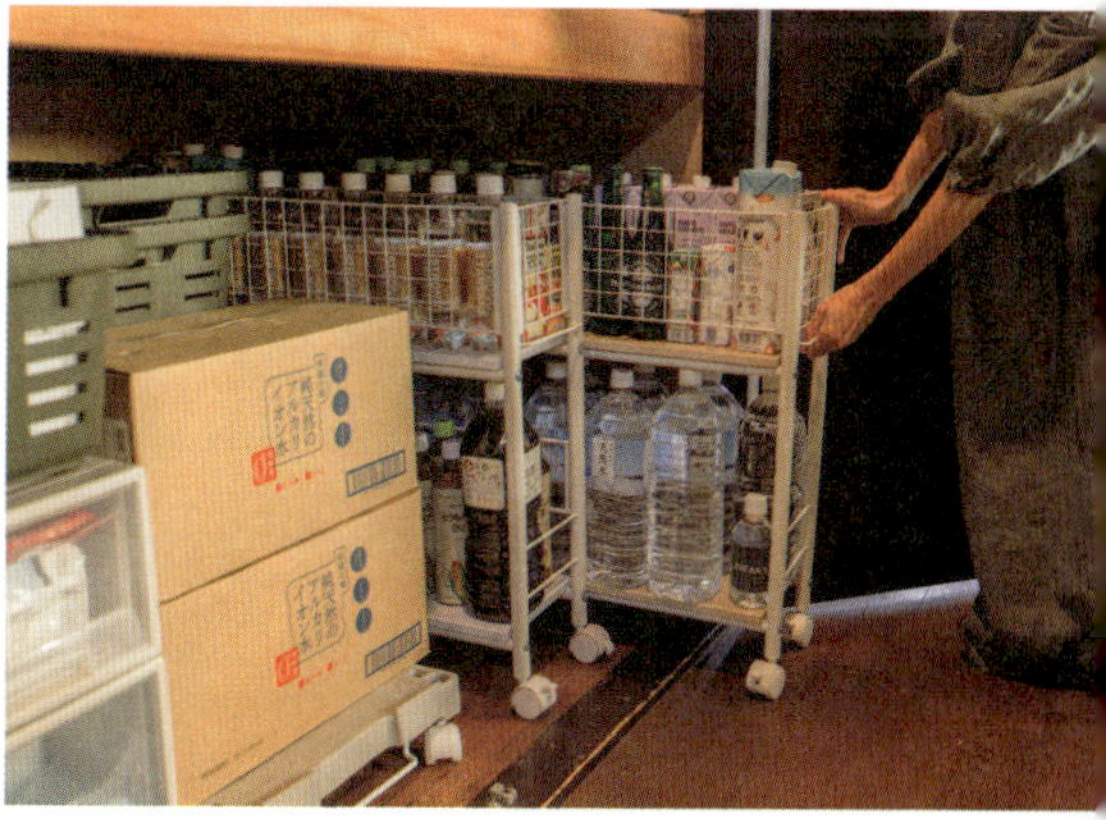

飲料は野菜ジュースや豆乳など、日頃よく飲むものも、すべて備蓄の水分と考えて多めに買い置いています。大きなワゴンだと重くて引き出しづらかったため、幅の狭いワゴン2つに変更。しっかり奥まで引き出せるようになり、取り出しやすいのでローリングストックもうまくいくようになりました。

「揺れたら寝室へ」が家族の決まりごと

寝室
子供部屋

リビングが散らかっていても、寝室だけは常に安全な空間をキープしています。揺れを感じた時に逃げ込む場所と決め、防災用品も壁の有孔ボードにハンギング。植物やワゴンもフックで固定していますが、掃除の時は外して移動できるようキャスター付きにしています。

子供部屋のオープン収納は落下の危険がありますが、本人の考えやこだわりを尊重し、滑り止めシートなど対策しながらアップデート中です。

安心と快適を両立させたホテルライク空間

浴室

ウォールステッカーを貼り、タオルやボトルの色を合わせたお気に入り空間。無防備になる浴室で地震が起こると危険度が高まるため、落下や散乱して危険なものは最小限に。もしも入浴中に被災したら浴室掃除用のスリッパを履き、タオル素材のバスポンチョを着ると決めています。どちらも普段から便利に使っています。

脱衣所には、備えとしてホイッスルとソーラー充電式のライトを。洗剤類は多用途で、掃除に使う重曹とクエン酸は炭酸入浴剤としても活躍します。

変化も自由に楽しむ
フレキシブルな家

カナのおうち

2021年に注文住宅で建てた準耐火構造の2階建て3LDK。仕事道具でもあるアウトドア用品を、たっぷり収納できるビルトインガレージ付きです。料理家でもあるので、こだわりのアイランドキッチン、そして撮影スタジオとしても使用するリビングは、ひと続きの空間に。休日に友人が集まって、みんなでアイランドキッチンを囲むこともあります。

プライベート空間であり、仕事場でもある我が家は、ライフスタイルの変化に合わせて自由にかたちを変えています。そんなフレキシブルな空間には、気づけば防災に強い要素が散りばめられていました。家族はもちろん、我が家に来てくれる人にとっても居心地のいい空間になるよう日々アップデートしています。

防災にも役立つ遊び道具を詰め込んだこだわり空間

ガレージ

入り口はシャッターで広々。奥に扉があり、室内からも出入り可能。

おもにキャンプ道具を収納し、炭やガス缶などの燃料を保管しています。
道具のメンテナンスをする作業台や電源もあり、帰宅後すぐに手入れや充電をしています。

外への動線を常に確保できる間口の広い土間玄関

玄関

シューズクロークからガレージの扉までをフラットにつないだ空間は、土間コンクリート。外から帰ってきて靴や衣類が汚れたり濡れたりしていても、土がついたキャンプ道具を置いても、気を使うことがなくストレスフリーです。靴も荷物もなるべく出しっぱなしにしないことを心がけ、愛用のビーチサンダルだけ並んでいる状態が理想的。

L字型のシューズクロークは家族全員の靴のほか、レインウェアやアウター、ベビーカー、公園や海での遊び道具なども収納しています。また、避難時の動線も考えて、防災バッグも玄関に。すぐ取り出しやすいところに置いています。シューズクロークは充電式の人感センサーライトを設置しており、停電時にも安心です。

夫婦色違いの防災バッグと自治体から配付された防災ヘルメット、折りたたみ式のヘルメットを常備。子供のヘルメットはかぶり慣れた自転車用を使います。避難する際は登山靴を履く予定。

玄関近くにDIYで取りつけたフックには、サイズ違いのマザーズバッグと子供の通園バッグをかけます。通園バッグの管理や登園準備などは、子供が自分でできるよう習慣化。マザーズバッグは小さいものを毎日持ち歩きますが、行き先や用事によっては両方持って出かけることも。避難時にはマザーズバッグも持ち出します。

太陽のぬくもりを感じる
明るい広々空間

リビング

2階にある勾配天井のリビングは3面の窓から太陽光が入り、冬でも晴れた日は暖房要らずで暖かく過ごせます。撮影スタジオでもあるため家具は最小限にして固定せず、状況に合わせて配置換え。写真や植物などのインテリアは落下や転倒、散乱の危険を考えて隅にまとめると、広々空間で子供たちも安全に遊べます。

暖をとる薪ストーブは料理シーンでも活躍。炭を燃料にすることもでき、災害時の強い味方です。

避難経路にもなる第二のリビング

ウッドデッキ

リビングとつながるウッドデッキは目線より高い壁があり、防犯対策もばっちり。人目を気にせず、家にいながら日光浴やアウトドアを気軽に楽しめます。テントを広げてくつろいだり食事をしたり、ヨガマットを敷いてストレッチをしたりと、アウトドアリビングとして活用しています。プランターを使って家庭菜園も。リビングとフラットにつながっているので家の外という感覚があまりなく、家族みんな裸足で行ったり来たり……。気づけば足の裏は真っ黒です(笑)。

夏場は遮光用のタープを設置し、室内の気温上昇を抑える対策も。ソーラー充電式ライトを設置しているので、ライフラインが止まって在宅避難になっても、普段と変わらない光に安心できます。

家の中心にある
アイランドキッチン

キッチン

仕事柄、キッチンにいる時間が長く、家族とコミュニケーションがとれるアイランドキッチンは、家でいちばんお気に入りの場所。日々のごはんの支度はもちろん、料理の仕事で撮影したり教室を開いたりするのも、このキッチンです。開放感がある分、散らかっていると目立つので、自然と整理整頓を心がけている気がします。

以前はオープンラックに陶器の食器も並べていましたが、今は食器棚やシステムキッチンの引き出しに。ラックには滑り止めシートを敷いて、落下しても割れる危険性の低いプラスチックやメラミン素材のものを中心に並べています。日々の暮らしの便利さを優先し、どうしても置きたいグラスやガラス瓶は滑り止め加工をつけるなど、日々アップデートしています。

(右)古材で作られたアンティークの食器棚。登山用の鈴を取っ手に巻きつけて扉のロックに。子供が触った時は音でわかり、地震が起きた際の飛び出し防止にもなっています。(左)キッチンの足元には、クーラーボックスを常備。食料品の保管庫として使ったり、ホームパーティーでドリンクを冷やしたり普段使いにも便利。キャンプにも持ち出しています。

パントリー

キッチン奥の扉付き食料庫

奥に業務用シンク、左側に冷蔵庫、右側にラックを置いたパントリーは、扉を開けておけばキッチンの一部。手作り発酵食や保存食、乾物や缶詰、カセットコンロ用のガス缶やキッチンペーパーなどをストックしています。

いつも家族が
そばにいる安心感

寝室
子供部屋

子供がまだ小さいため、ロースタイルで家族みんなの寝室です。なるべく物は置かず、シンプルで清潔感ある空間に。キャンプで愛用している充電式のLEDランタンはベッドサイドにあり、普段はベッドライトとして活躍しています。

2階のキッチン奥の部屋は子供部屋。リビングと近いので、成長しても家族と顔を合わせて部屋へ行けるようにしています。今は、おもちゃの片付けがラクなことがうれしいポイントです。

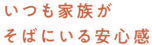

階段

2階リビングと1階玄関をつなぐ重要な生活動線

まだ小さい次女の安全を考えてベビーゲートを設置し、しっかりと固定。2重ロック式で子供には開閉が難しく、落下の危険もないので普段は安心ですが、災害時に「子供が自分で逃げられない」はデメリットになるかもしれません。よりよい対策を検討中です。

外からの光が十分に入りますが、停電時のために階段途中に取り外し可能な充電式のLEDライトを設置。明暗センサー付きなので、普段から階段の電気をつけたり消したりする必要がなくなり、便利です。木製素材にして、階段の手すりと統一感をもたせています。

マンションリノベで
家族や友人が集まる家

アヤのおうち

２０１７年に中古マンションを購入し、もとの壁を取り払ってリノベーション。キャンプ道具の積み荷がしやすいよう広くした玄関は、子連れの来客もベビーカーをたたまずに置くことができ、友人を呼んで靴がたくさん並んでも余裕があるので普段も大助かりです。トイレや洗面所、子供部屋など各部屋を最小限にし、ＬＤＫをひと続きにして廊下をなくしたことで開放的な空間を実現させました。水回りを集めてコンパクトにし、日々の掃除がラクになった点もお気に入り。

子供たちは自分の部屋ではなくリビングで過ごす時間が多いですが、広々として居心地がいいからだろうと思います。とくに、ハンモックは大人気。気持ちよくてここで寝てしまうことも。私は洗濯物干しとしても使っています。

玄関

抜群の収納力で
生活スペースの一部に

連絡先やスケジュールを共有する黒板。伝言板の役割も（117ページ）。

壁に有孔ボードを設置して大容量の収納スペースに。帽子、ヘルメット、防災ポーチ、キャンプ道具などをハンギング。何がどこにあるかわかりやすく、片付けも簡単です。

土間

間仕切りのないディスプレイ型の土間収納

使用頻度が低いスノーボード板は落下防止を施し、壁に固定。

屋外で使用したものを運び入れ、靴を履いたまま片付けまで完結する土間スペース。有孔ボードや棚、ハンガーラックを設置して、キャンプ道具や遊び道具を収納しています。高い位置には落下しても危険の低いものを、ガス缶や石油ストーブなど重たいものは足元に置いています。奥にあるベンチ収納には2Lボトルの水を備蓄（77ページ）。ハンガーラックにあるウェアは、防寒着兼雨具として普段から着用できるものを選んでおり、家族全員分のものをかけています。

汚れや水濡れを気にせず、大きなものを保管できるので、土間をつくって大正解でした。有孔ボードと棚は可動式になっているので、ライフスタイルの変化や置きたいものに合わせてレイアウトを変えることもできます。

リビング

居心地のよさに遊び心をプラス

家族写真、ランタン型スピーカー、ポータブル電源、ツールボックス、子供の画などをディスプレイ。

家族の日常も友人が集まる時も、空間を共有しながらそれぞれがソファやスツールなど好きな場所で自由にくつろげるところが、このリビングの魅力。中央のテーブルは夫のＤＩＹ作品で、天板を返せば麻雀ができる仕様（笑）。キャンプへ持って行くこともあります。

テレビラックの上部は扉付きの収納棚。地震の際に飛び出さないよう、普段も滑り出ないように、棚板には滑り止めシートを敷いています。

家族の様子がいつもわかるオープンキッチン

キッチン

カジュアルなカフェバーのような雰囲気で、家族や友人と会話を楽しんだり、子供たちが遊ぶ様子を見たりしながら料理ができます。リビングのほうを見ると窓から外の天気がわかり、振り返れば玄関があるので家族をすぐに出迎えられます。今まで料理をしなかった夫も、このキッチンになってからカレーやおつまみなどを作ってくれるようになりました。

食器や調理器具の多くは、キャンプで活用しているものと兼用。ステンレスやプラスチックなど割れにくい素材が中心です。落下しても危険が少ないので、普段よく使用するものはオープン収納にしていますが、アイアンバーをつけたり滑り止めシートを敷いたり、落下防止策は忘れません。

冷蔵庫横に幅約12cmの大容量の隙間収納ラックを設置。油や調味料のほか、最下段に水を備蓄しています。冷凍庫にも常に2Lボトルの水を1本入れていて、キャンプの時には保冷剤として活用し、消費したらここから補充してローリングストック。隙間収納ラックはストッパー付きで、冷蔵庫は壁に固定しています。

蓋付きのごみ箱は、普段は見えないところに収納。ごみ袋は子供の工作道具になったり、濡れた衣類を入れる袋にしたりするので多めにストックしています。ほかにも使い捨て食器、飲料の紙パック、空き瓶も多用途に使えるので収納スペースに入るだけストックしています。

子供の成長に寄り添う 安全安心の環境づくり

寝室
子供部屋

ダブルサイズのすのことマットレスを2つ並べて、家族4人の寝室に。大きくなってきた子供2人に加えて、ぬいぐるみやブランケットもあるので、なかなか狭くなってきました。子供が自分の部屋で寝ることもできるよう、そして将来のことを考えて子供部屋にもベッドを置いています。

壁面のピクチャーレールには、古くなったハンモックを吊るしてぬいぐるみの収納スペースに。就寝時に地震が起きたら落下の可能性はありますが、危険性は低く、頭や身体を守る時に役立てることができます。奥にあるボックスは長期保存の備蓄食やアウトドア用品を入れて分散保管(81ページ)。枕横には残量チェックを欠かさないポータブル電源、窓際にはソーラー充電式のライトを並べています(17ページ)。

ベッドと勉強机、収納棚のみを置いた約4畳の子供部屋。クローゼットに衣類、跳ね上げ式のベッドのなかに季節ものの服やキャリーケースなどを収納しています。収納棚にはチャック付きの収納ボックスを活用することで散乱防止になり、見た目もすっきり。棚の上には段ボールを置き、天井との隙間をなくして転倒を防止します。

娘の勉強机は、祖母が愛用していたアンティークの折りたたみ机。50年以上経ちますが、丈夫で使用にも問題なく、教材や道具もたっぷり収納できると娘もお気に入りです。遊びに行く時はカバンを持たず、椅子にかけたキャンプベストをサッと羽織ります。ポケットに貴重品やお菓子などを入れて身軽に動けるので、重宝しています。

手作りおもちゃで楽しいお風呂時間

浴室

床には何も置かず、シャンプー類はカゴにまとめて吊るして収納。掃除がラクで水切れもよく、ボトルのぬめり防止にもなります。以前、入浴中に停電が起きて真っ暗になった経験があり、それから浴室にも防水ライトを置くようになりました。

我が家の浴室に欠かせないおもちゃは、子供たちと手作り。ペットボトルシャワーに色水を入れたり、紙パックに絵を描いたものを水で濡らして壁にくっつけたりして遊んでいます。

ペーパーホルダーの小物台に置いている貝殻は、ハッカ油を垂らして芳香剤にしています。デザインに惚れたドアノブは、医療施設でも使われるユニバーサルデザインのものを採用。手首や肘でも開閉でき、感染症が心配な時に便利さを実感しました。

トイレ

スリムな収納でシンプル&コンパクトに

ベランダ

マンションの避難経路を確保したコンパクトな家庭菜園。生ごみから堆肥を作るLFCコンポストも活用しています。

いつだって頼りになる
家族の相棒

車は、生活に欠かせない人や趣味として楽しむ人がいる一方で、必要ない人もいるものです。私たちはというと、マミとカナは車を持っていて、アヤは必要時にカーシェアリングを活用するスタイル。カーシェアリングは、目的に合わせて車種を選択できて便利です。

マミの愛車はスズキのエブリィ。フェイスもボディも、そして内装も、仲間と一緒にカスタムした見た目も使い勝手も大満足の一台です。カナは家族が増えたことをきっかけに、電気自動車から三菱デリカD５へサイズアップ。シートアレンジで車中泊も可能になりました。

車があると日々の買い物や子供の送り迎え、仕事やお出かけの移動に大助かりですが、運転中や外出先での〝もしも〟を考えるのは案外見落としがち。車内にも、備えがあると安心です。

マミの車は愛称〝エブリィさん〟。運転前には「今日もよろしくね!」と話しかけます。

カナの車は、パワフルな走りが自慢。日本を横断して世界が広がりました。

車にも防災セットを。カナの車にはソーラー充電式ライト、サバイバルブレスレット、マルチツールナイフ、折りたたみ傘、携帯トイレ、ウェットティッシュ、パラコード、救急セットなどを常備しています。

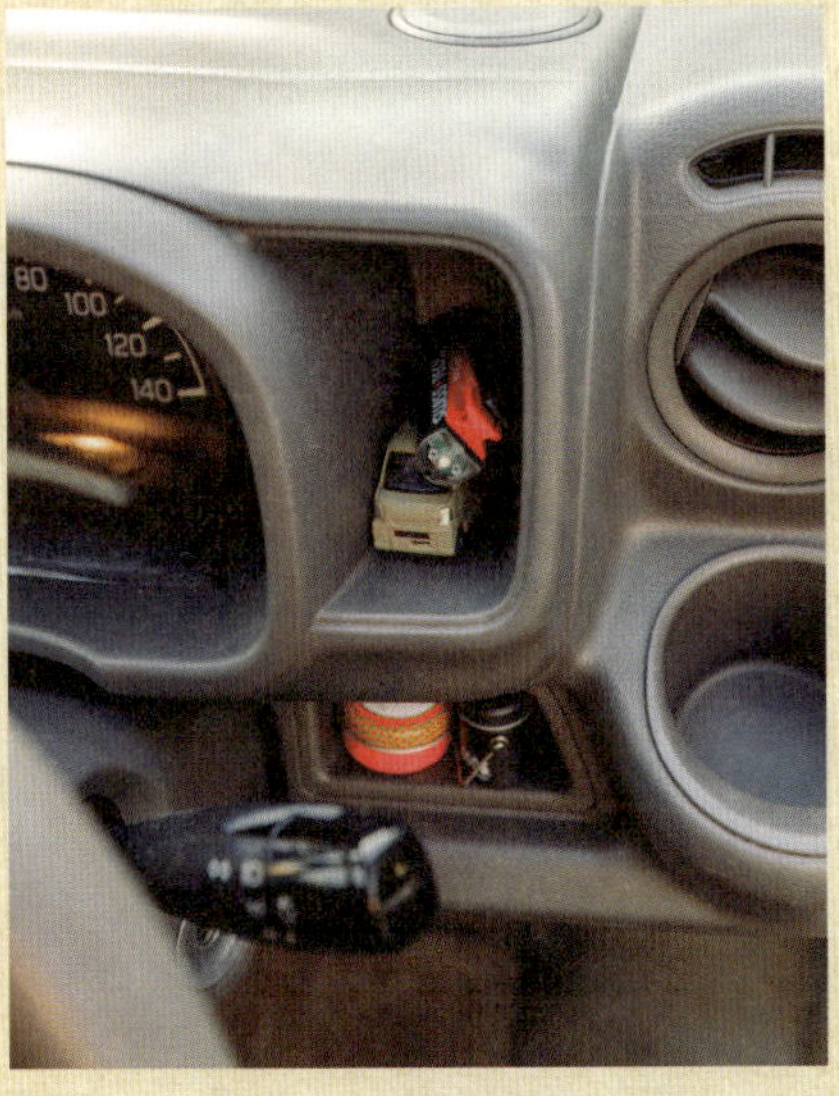

マミの車には、運転席に緊急脱出用のレスキューハンマーとシートベルトカッターを常備。それから、小銭が入ったコインケースも。最近はスマホ決済ができる場面も増えていますが、大きなお札やカードが使えないコインパーキングの支払いや自動販売機など、何度も助けられました。

車中泊

寝袋やLEDランタン、そして普段持ち歩いている防災ポーチがあれば、車中で夜を明かすことができます。アウトドアで車中泊を楽しむ時も、非常事態で車中泊をする時も、エコノミー症候群にならないようシートを倒してフラットな状態を確保しましょう。着替える時や就寝時のために、窓にシェードがあると安心です。

車中泊はテント泊とは違った楽しさがあるので、ぜひ、一度遊びで体験してみてください。

ペットのために
できる限りのことを

動物は十分にしつけていても非常時には疾走する可能性があり、離れている時に被災することもあるため、ペットを飼っている方は「ペットの防災」も考えておかなければなりません。犬と猫に関してはマイクロチップの装着が義務化されていますが、読み取り装置がなければ情報は得られません。迷子になった時を考えて飼い主の連絡先を首輪などに記しておくと安心です。飼い主もペットの情報を伝えられるよう、写真を持ち歩くことをおすすめします。

避難が必要になった時のことも、事前に考えておかなければなりませんよね。ペット同伴可能な避難場所、避難経路はあらかじめ情報を集めておき、避難先で周囲に迷惑がかからないよう日頃の健康管理やしつけも大切です。水やペットフードなどの備蓄も忘れずに。

「自分がいなくなったらこの子はどうなるか」を考えておくことも大切。災害時に限らず、急な病気などでお世話ができなくなる可能性もあります。健康手帳などを用意し、予防接種や治療の記録、飼い主しか把握していないことをまとめておきましょう。普段から頼れる人に情報共有しておくと安心です。

COLUMN

備えは旅のお守り

旅先は、土地勘がないため普段以上に災害リスクが高まる可能性があります。海外であれば言葉が通じなかったり、環境によっては電波状況が悪いこともあるかもしれません。

自分の生活必需品が現地で入手しにくい可能性も考えて、あらかじめ持ち物に入れておき、なおかつ多めに準備しておくと安心です。毎日のルーティンをふり返り、自分が生きるために必要なものから優先順位をつけてパッキングしましょう。下記のような自分専用の持ち物リストをつくっておくと便利です。

【 私の生活必需品 】

健康・衛生	常備薬、メガネ、口腔ケア用品、生理用品、救急セット
衣	着替え、雨具、帽子
食	携行食、飲料水
住	身分証明書、現金、モバイルバッテリー、ラジオ

旅程が決まったら、自分の行動ルートや宿泊先の避難経路を確認しておきます。地震がきたら津波の可能性があるのか、どこに避難すればいいのか、その地域の防災情報を確認しましょう。旅先で被災する可能性は十分にあるので、緊急連絡先の控えや身分証明書は忘れずに持ち歩きます。絶対に安全な場所はないことを念頭において防災意識をもち、楽しい旅に出かけましょう。

Part 3

〝もしも〟で見える
〝いつも〟の暮らし

家具は先のことも考えて選びたい

部屋の雰囲気の好みは人それぞれですが、「ごちゃごちゃした部屋」と「整理整頓された部屋」では、後者のほうが掃除がラクで物の位置も把握しやすそうですよね。整理整頓されていると、非常時に避難する時も安全で、必要なものをサッと準備することができます。ここで注意したいのは、「ごちゃごちゃした部屋」は物の多さのことを言っているのではないということ。散らかっているのと、物は多いけど片付いているのとでは、話がまるで変わってきます。

私たちは理想のインテリアデザインをキープしながら、防災のことも考えておきたいわけですが、だからと言って、毎日の片付けや掃除をタスクにしたり、物を増やさないよう我慢したりすると、ストレスに……。それならば、と私たちがたどり着いた家具選びについてご紹介します。

荷物の多さをカバーできる収納付き家具は本当に便利。アヤの家のソファとベッドは、大容量の収納スペースを備えています（63ページ上と右下）。ソファには日用品のストックや延長コード、救急セットなど、目に触れないところに収納しておきたいけれど、意外と取り出す機会の多いものを入れています。災害時用のトイレもこちらに。ベッドには、取り出し頻度の少ない来客用布団や季節飾りのアイテムを収納。スペースを有効活用でき、地震が起きた際に物が散乱する心配もありません。

マミとカナの家では、子供の成長などライフステージの変化や使用シーンに対応できる、拡張性のある家具を採用。たとえばテーブル（63ページ左下）。穴を開けることなく、ネジで簡単に装着できる脚を使っています。長い脚だとダイニングテーブル、短い脚だとリビングテーブルになり、天板を取り換えることもできます。

KZM

見せる収納

棚自体に滑り止めシートや落下防止バーを取り付けることもできますが、アイテム自体に滑り止め加工をつけることもできます。乾くと透明になる『スベラナイン』はインテリアの邪魔をしないので、カナのお気に入り。

グラスは滑り止め加工をつけたカゴにまとめることで飛び出し・散乱防止に。普段もまとめて取り出せるので便利です。

使用頻度の多い物は、扉や引き出しのなかに収納すると何かと不便。「出しっぱなし」ではなく、きちんと置き場所を決めればインテリアの一部としてディスプレイを楽しめますよね。好きなアイテムを見えるところに飾っていると、気分が上がって心地よい空間になります。見せる収納のメリットはまだまだあって、視認性が高く、何がどこに、どれだけあるかを把握することが簡単です。家族間で物の位置を共有できるので、「アレ、どこにある?」と聞かれることも減り、片付けてくれるようにもなりました。

でも、地震が起きた時の落下や飛び出しは心配。落ちない・倒れない工夫をしたり、落ちても割れない安全なアイテムにしたり、日々の快適さを守りながらできる限りの工夫をしています。

クローゼットのなかも「見せる収納」で出し入れをスムーズに。子供服は低い位置に収納。子供自身が管理でき、「一人でできた」という自信につながります。普段から自分でできることを増やしておくと、非常時にも助かります。

飛び出して落下すると危険なアイテムの本は、普段使っていないキャンプ用のカートに収納。子供が選びやすくて取り出しやすく、片付けも簡単です。

LACITA
ENERBOX01-SP

家でも使いやすいコンパクトなポータブル電源。ソーラーパネルと併用で備えは万全。

MoriMori
LED ランタンスピーカー

優しい灯りと音楽を同時に楽しめるランタン。部屋にも馴染み、屋外でも使えます。

愛用アイテム

日常を便利にしてくれて、非常時にも役立つ、私たちが愛用するアイテムをいくつか紹介します。「防災用品」でなくても、フェーズフリーな暮らしを支えるアイテムは身のまわりにたくさんあります。

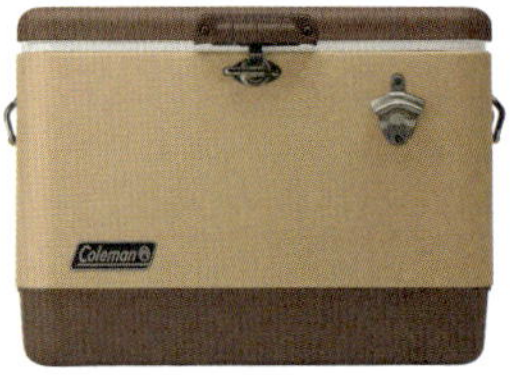

Coleman
54QTスチールベルトクーラー

保冷力のあるクーラーボックス。普段、家のなかでは保管庫に。停電時にも活躍します。

SOLCION
PATATTO250+

耐荷重100kgの折り畳みイス。座面を外せば簡易トイレやごみ箱として使えます。

tent-Mark DESIGNS
LaLa

一年中快適な全天候型TCドームテント。自立式なので、避難所でも活躍します。

SOLCION
CAMP TOTE

防水素材のレジャーバッグ。カラビナベルトで持ち手の位置や長さは自由自在。

Nomadix
Orginal Towel

吸水、速乾、防臭、軽量と優れた多機能タオル。子供とのお出かけにも心強い。

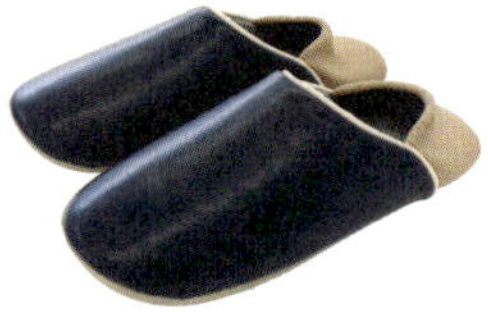

OKUMURA
防活スリッパ

耐踏み抜き芯材入りでガラス片から足を守るスリッパ。レザー風で普段もおしゃれに。

CAMMOC的 アイテム選びのポイント

1 ずっと大切にしたいと思える

日々使うものはデザインや使い心地が気に入っているなど、自分が好きなものを選びます。愛着があると大切に使い、傷んでも修理するでしょう。長く使い続けている相棒のようなアイテムは、暮らしや身体に馴染み、いつでも扱いやすいものになります。

2 直感的に使える

機能性はもちろんですが、説明書を読まなくても操作できたり、充電残量や消費具合がわかりやすかったり、メンテナンスが簡単だったり、誰もが直感的に使えるようなデザインであることも重要。混乱している非常時にも、普段使いにも、複雑であると大変です。

3 危険がなく、タフに使える素材

「丸洗いOK」など手入れがラクで、丈夫で長持ちするものは、いざという時はもちろん日常でも重宝します。防水や撥水など、水に強い素材であることもプラスポイントです。

4 汎用性が高く、あらゆるシーンに対応できる

1つで何通りもの使い方ができるものであれば、使用時も収納時もそれ1つで場所をとりません。また、どこかへ持ち運ぶ際も荷物が少なくて済みます。想定外のシーンにも、きっと柔軟に対応できます。

5 置き場所に困らないサイズ感

日常的に使う場合は、置いた時にスペースを圧迫せず、動線を確保できるサイズに。必要時に取り出し、普段は収納しておくなら、コンパクトさも重要。軽量であることもプラスポイントです。

好きなものを身につけていたい

私たちはファッションの好みも違いますが、毎日身につけるものは心地よく、好きなものを選んで自分らしくいたい気持ちは同じです。自分たちの持ち物を見てみると、「そういえば、これもフェーズフリーかもしれない」というアイテムがたくさんありました。

持ち寄って集めてみると多かったのが、「機能性素材」のアイテム。耐久性、防水性、吸湿速乾性、携帯性などに優れ、アウトドアやスポーツシーンで快適に過ごせる素材のものは、厳しい気象条件でも身体を守り、快適に過ごせるよう作られています。私たちはアウトドアウェアを普段着にすることもありますが、反対に、機能性の高い普段着のファッションでキャンプを楽しむこともあります。

次に注目したのは、通年使えるものを無意識に選んでいたこと。コーディネートに迷う時間を短縮でき、衣替えの必要性もなくなるので、自分たちのなかで「年中使える定番アイテム」になっています。着回し力が身についたり、服をたくさん買わずに済んだり、ズボラさんにうれしいメリットも。

家事をする際に動きやすいフィットネスウェアは、部屋着に最適です。ほかにも、コンパクトに持ち運べるパッカブルウェアや、コットンやリネン素材のアイテム、着回し力抜群のセットアップもお気に入り。

一見すると専用商品だと思いがちなものも、日常使いできるものがたくさんありました。たとえば私たちの趣味であるスノーボードのウェアは、防水・透湿・保温性に優れているので、防寒や雨具としても活用できます。ストールは、首に巻いたり肩にかけたりして、防寒や日よけなどに通年使えて便利。緊急時に止血や口を覆うために役立てることもできそうです。

❶防水透湿ジャケット ❷軽量折りたたみ傘 ❸撥水キャップ ❹調光サングラス ❺カラビナ付きエコバッグ ❻手ぬぐい ❼大判リネンストール ❽メリノウールTシャツ ❾真空ボトル ❿リネン素材のエプロン ⓫アウトドアブランドのデイパック ⓬防虫・UVカット機能ウェア ⓭ホイッスルペンダント ⓮レギンス

日々アップデートする防災バッグと防災ポーチ

緊急避難時に持ち出す「防災バッグ」は生き延びるための必需品や避難先で役立つアイテムをまとめたもの。そして、合わせて持っておきたいのが、外出先で被災した時に対応できる「防災ポーチ」。必要なものも災害リスクも人によって違うため、自分や家族用にカスタムしておくことが大切です。

まず、自宅や職場、学校など、自分がよくいる場所の災害リスクの把握は欠かせません。どんな被害が起こりやすいか、避難場所や給水場所はどこにあるか、在宅避難が可能かどうかなど、それらがわかると持ち物も考えやすくなります。自宅から避難所までの距離や道の様子次第では、バッグはリュックなのか、キャリーケースなのか、ベストな選択ができそうです。悪天候のなか避難する可能性も考えて、中身が濡れないようビニール袋でまとめるなどし、バッグのレインカバーも用意しておくと、なお安心です。

普段のお出かけに、おそらく何かしらポーチを持ち歩いている人は多いですよね。ポケットティッシュや薬、女性はコスメや生理用品などが入っているのではないでしょうか。防災ポーチは、それを防災仕様にすることだと考えてみてください。通勤途中の車内や子連れでのランチ中、いつどこで、何が起こるかわからないからこそ、最低限の備えが自分の身を守る術になります。防災仕様にしておけば自然災害だけでなく、渋滞や事故に巻き込まれたり、子供が転んでケガをしたり、トラブルやハプニングにも対応できます。

肝心な中身は行政や公共機関が発信している基本のチェックリストを確認しましょう。PART5のワークも参考にして、考えてみてください。

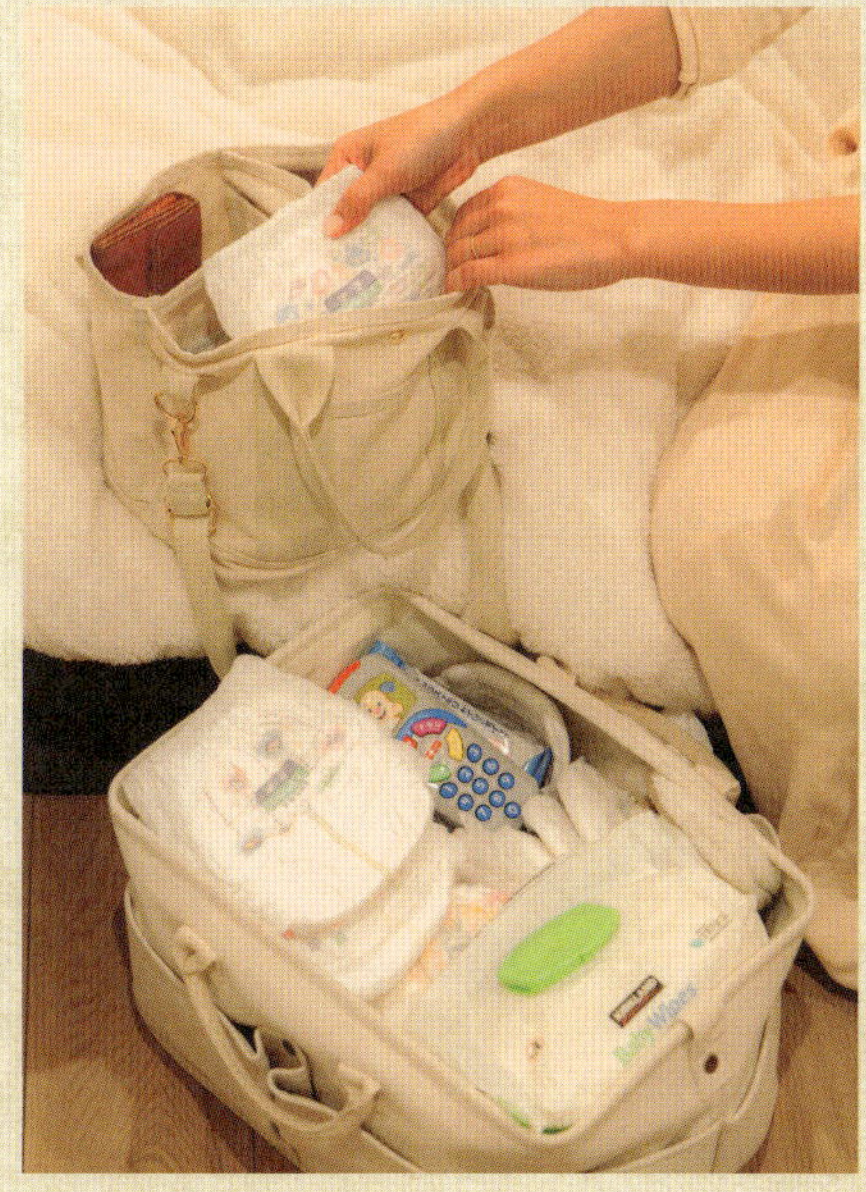

車移動が多かったり、トートバッグをよく使ったりする場合は、少し大きめの防災ポーチでもいいかもしれません。アウトドアシーンでも中身を入れ替えることなくそのまま持ち出せます。

バッグインバッグが可能な、小さなバッグを防災ポーチにしてもいいでしょう。ちょっとそこまでのお出かけの時には、そこに財布やスマホを入れて、普段使いのバッグに。常に持ち歩くと中身も管理しやすくなります。また、1回のお出かけで子供のオムツがどれくらい必要か、モバイルバッテリー1台でどれくらい充電できるかなど、日々の経験や感覚が身についていると、いざという時に役立ちます。

マミの防災バッグ・ポーチ

チャック付き袋で分けてわかりやすく管理

長年愛用していたリュックの汚れが気になるようになったのでレジャー用は新調し、背負い慣れたこちらを防災用に。厳選してスペースに余裕をもたせ、状況に応じて愛犬用の防災セットを追加で入れられるようにしています。

外出先で使用頻度の高いウェットティッシュやモバイルバッテリー、あると助かるマルチツールや救急セットはマストアイテム。さらに、被災時に必要な簡易トイレやラジオなどを入れています。

子供の成長に合わせて
日々アップデート中

カナの
防災バッグ・ポーチ

軽くて耐水性があるリュックを、夫婦で色違いにして玄関に置いています。色はわかりやすく目立つものを選択。子連れ避難を想定し、お菓子や遊び道具も忘れずに。避難時にはマザーズバッグを一緒に持つ予定です。

日頃持ち歩くマザーズバッグを防災仕様に。オムツセットや救急セットは日頃からローリングストックができています。ホイッスルやライトは、公園やキャンプ場で子供に持たせることも。

持ち運びやすさを考えて非常時にも選択肢を

アヤの防災バッグ・ポーチ

自宅周辺は水害や土砂などの危険性が低く、避難所までは平らな道を徒歩3分のため、背負うこともでき、重い荷物もラクに運べるキャリーバッグを採用。キャンプへ行く時もこのバッグを車に積みます。救急セットは、普段はリビングに置いています。

肩ひも付きでサコッシュになる撥水ポーチ。細かなものはチャック付き袋に。耳栓代わりにもなるイヤホンやマルチツール、IDメモ搭載のホイッスルなど、小型で多機能なアイテムを愛用しています。

おやつは自分で選ぶ!
自分ごと化で自分仕様に

子供の
防災バッグ・ポーチ

缶詰には楊枝をセット!

一人で留守番やお出かけができるようになったら、親がそばにいない状況を想定して子供用を準備。これは小学4年生の例です。背負って走れる重さ・サイズにし、飲料や着替え、大好きなお菓子や遊び道具を入れておきます。

ホイッスルやライト、個人情報メモ、小銭、モバイルバッテリーなど必要最低限のものを入れて、普段はランドセルに。メモには緊急連絡先のほか、アレルギーの有無や常備薬の情報も書いています。

備蓄品は把握できる範囲に

私たちは災害発生時のライフライン停止に備えて、自宅に食料や生活用品なども備蓄しています。「避難所や職場に行けばあるから大丈夫！」と思っている方は要注意。備蓄品は全員に行きわたるとは限りません。また、発災直後は人命救助が優先のため、物資の支給はすぐには得られないと考えておいたほうがいいでしょう。最低でも3日分、できれば1週間以上、自分や家族の命を守れるだけの備えをしておきたいです。とは言え、実際にはなかなか難しいですよね。普段から多めに買い物しておけば安心かと思いきや、家族全員分をカバーしようとすると収納場所に困ったり、いつの間にか賞味期限や使用期限が切れてしまったりもします。それならば、この機会に普段使っているものも見直してみるのはどうでしょうか。

たとえば、「キッチン掃除用」「お風呂掃除用」と分けている洗剤があるなら、「掃除用」と統一してみます。ボトルはそれぞれの場所にあっても中身が同じなら、それぞれの詰め替えを備蓄しておく必要はなくなります。大容量サイズの詰め替えをお得に購入できるようになるかもしれません。ほかにも、スキンケアにオールインワンタイプを取り入れたり、普段から缶詰やレトルト食品のアレンジ料理を楽しんでみたり、多少ズボラでも、普段通りであれば無理なく継続的に備えられます。

トイレットペーパーや簡易トイレなど、長期保存が可能なものは出し入れする頻度が少ない場所に収納し、半年や1年に1回、「防災の日」や大掃除の機会に見直すといいでしょう。水は長期保存できるものもあり、アヤの家では10年保存水を下段に入れ、その上に日常的に買い足す期限の短い水をストックしています。

BELLWOODMADE
BELLWOODMADE
Mag Cruise

ローリングストックで常に安心

使用しているものを買い置きし、期限の古いものから消費して補充する「ローリングストック」は、普段の買い物で一定量の備蓄を保つことができる、まさにフェーズフリーな方法。私たちも数年前から取り入れています。子供たちも、なくなったらストック場所から取り出して、「次、これ買おうね」と意識している様子。おもにお菓子担当です（笑）。

ローリングストックは、レトルトや缶詰などの備蓄食に限った話ではなく、野菜や冷凍食品などいつもの食料品、ラップやアルミホイルなどの日用品、マスクや除菌シートなどの衛生用品も含まれます。私たちはキャンプでカセットボンベや水、薪や炭をよく消費するので、その補充も欠かせません。バッテリー内蔵のライトやポータブル電源なども、消費した分だけ充電するようにしています。用意しておけば安心の防災バッグと防災ポーチも、外出時に活用して、中身のローリングストックを習慣化しましょう。

ローリングストックのコツは、可視化すること。使用中なのかストックなのか、普段から何がどれくらいあるか把握できていれば、期限切れや買いすぎ防止になります。たとえば、ボックスや引き出し収納であれば、「上段は開封済みで使用中、下段はストック」と分けたり、「手前は開封済みで使用中、奥はストック」と分けたりすることで管理しやすくなります。取り出しやすいところに使用中のもの、少し取り出しづらいところにストック、という分け方ですが、この〝少し〟がポイント。踏み台が必要だったり、わざわざ物を動かしたりしなければ取れないところに置くと、手間が増えて面倒になりやすいので要注意です。家事動線も合わせて考えましょう。

CAMMOC的
ローリングストックのポイント

1 自分基準のルールを決める

ストック場所や消費する順番など、自分や家族が無理なく続けられるルールを大まかに設定します。「これは欠かせないレギュラーメンバー」など、定番商品を把握しておくことも大切。普段の買い物がスムーズになり時短にもつながります。

2 キャンプや旅行でローリングストック

外出時の持ち物を考える時は、防災バッグ・ポーチを活用。そのまま持ち出したり、行き先に合わせて必要なものをそこから選んだりし、使った分を補充します。そうすることで内容を見直すタイミングがつくられ、中身も循環していきます。

3 手抜きをチャンスに変える

家事が億劫な時こそ、レトルト食品やカップ麺を消費するチャンス。賞味期限のチェックにもなります。洗い物が面倒なら缶詰やパックご飯をお皿に移さず食べたり、食器にラップを巻いて汚さないようにしたり、非常時の練習だと思えば手抜きをしても罪悪感は感じません。

4 ローリングストックは徹底しすぎない

砂糖や食塩、ガム、酒類、トイレットペーパーや洗剤など、賞味期限・使用期限の表示がないものもあります。未開封で保存方法をきちんと守れば、ある程度は放っておいても大丈夫。「○月までに使いきらなければいけない」という制限がなければ、気持ちもラクになります。

あると心強い備蓄食

食品は毎日新しいものを買いに行くことができれば賞味期限を気にしなくて済みますが、そういうわけにもいきません。天気が悪かったり忙しかったりして買い物に行けず、家に食材がない時は、ちょっとした非常事態。そんな時のために、レトルトカレーやカップ麺を買い置いている人も多いでしょう。災害時のためという理由だけではなく、そうやって普段から食べ慣れているものをローリングストックしておけば、あなたにとって心強い備蓄食になります。

災害時には物資や炊き出しの支援もあるかもしれませんが、離乳食や介護食、アレルギー対応食が十分に用意されることは難しいでしょう。まずは個人の備えが必要不可欠。それを食べるために何が必要かを考えると、水やカセットコンロなどの調理器具も欠かせませんよね。

アヤの家の備蓄食は、広い収納スペースがないのでキッチン、リビング、寝室の3か所に分散備蓄。賞味期限が長い長期保存食は寝室に置いた4面オープンになるコンテナのなかにまとめています。

カナの家のパントリーは食材庫としてはもちろん、ガス缶、鍋などの調理器具、調味料、日用品も収納。ボックスで小分けしてわかりやすい収納を心がけています。種類ごとにまとめていると取り出しやすく、日々料理の準備をする時に目に入るのでローリングストックもしやすくなります。

ストック食品

「非常食」と聞くと、ホームセンターの防災コーナーで販売されているような賞味期限が5年や10年と長い「長期保存食」をイメージするかもしれません。ですが、通い慣れたスーパーやコンビニで普段買っているクッキーやスナック菓子は、賞味期限が半年以上と長いものも多くあります。普段のおやつの買い置きも、非常時にはエネルギー不足を補う高カロリー食品として重宝します。

最近は食物アレルギーに対応する食品も豊富にあります。年単位の日持ちはしなくても、半年〜1年ほどの賞味期限のものをローリングストックできれば、いざという時、食べ慣れた味に安心できるはずです。普段から買い置き食品を選ぶ時に、少しだけ防災を意識してみてください。次のページでは、私たちの買い置き食品を紹介します。

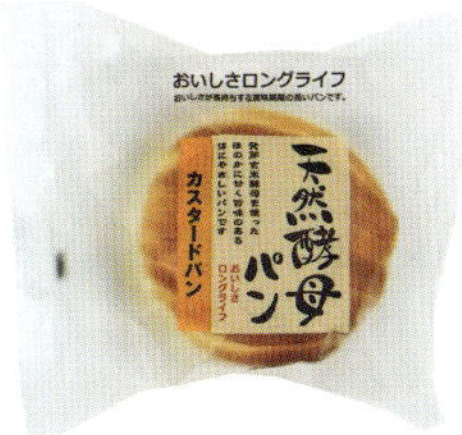

土筆屋
天然酵母パン

発芽玄米酵母種を使用したもっちり食感のパン。種類も豊富で朝食やおやつにぴったり。

無印良品
米粉のパンケーキ

国産米粉を使用したパンケーキミックス。腹持ちもよく、ふわふわで家族みんなの大好物。

ギンビス
たべっ子どうぶつ

どんな時も子供の笑顔を引き出すお菓子。気分転換や心の栄養として防災バッグにも。

FamilyMart
ドライフルーツ

いつでも手軽に購入できる栄養満点なお菓子。噛むことで満足感も得られます。

ひかり味噌
即席みそ汁

有機そだちのおみそ汁は化学調味料不使用でお気に入り。カップタイプも便利。

兵庫県手延素麺協同組合
揖保乃糸

そうめんは茹で時間が短く、アレンジ自在な乾麺。食欲がない時にもよく使います。

ふくれん
無調整豆乳

常温保存可能でそのまま飲めて、たんぱく質もしっかり摂取できる豆乳。牛乳の代わりにも。

CO・OP
乾燥野菜

ミックスタイプがお気に入り。手軽に野菜の栄養を摂れるので普段の食事にも便利。

LOVEG
ソイミール(大豆ミート)

常温保存可能で食物繊維が豊富。お肉の代わりや料理のかさましにもなる優れもの。

レシピ

調理においても、日常食と防災食のフェーズをなくしてみましょう。たとえば87ページで紹介する、少ない水で作れる「水漬けパスタ」は、茹で時間が短くラクでガス代の節約にもなり、冷凍保存も可能。パスタは賞味期限が長くて備蓄に向いているなど〝一石何鳥〟も叶えます。出汁パックの中身を調味料として使ったり、フリーズドライやインスタント食品は常温水でも食べられたりと、そんなことを知っておくと料理の幅も広がります。

ラクで簡単に、時短や節約にもなる、いいことだらけで美味しいレシピが普段のレパートリーに加われば、自然とローリングストックもできますよね。これから紹介するレシピは、普段はもちろん、災害時にも役立つテクニックが満載です。

出汁焼きうどん

材料

お好みの干し野菜……適量
冷凍うどん……1玉
油……大さじ1
出汁パック……1袋
醤油……小さじ1
かつお節……適量

作り方

① 干し野菜は水で戻し、冷凍うどんは解凍しておく。
② フライパンに油を中火で熱し、水気を絞った干し野菜とうどん、出汁パックの中身を入れて炒める。
③ 醤油を回しかけて混ぜ、仕上げにかつお節をふりかける。

コンビーフの肉味噌丼

材料

コンビーフ……1/2缶
お好みの味噌……小さじ1
青ねぎ……適量
ご飯……茶碗1杯分
卵黄……卵1個分

作り方

① コンビーフと味噌、刻んだ青ねぎを混ぜ合わせる。
② ご飯を茶碗に盛って①をのせ、さらに卵黄をのせる。

干ししいたけの炊き込みご飯

材料

干ししいたけ（スライス）……1/2カップ
米……1合
めんつゆ（3倍濃縮）……大さじ1

作り方

① 干ししいたけは水で戻し、
米は研いで30分以上水に浸しておく。
② 水をきった干ししいたけと米を鍋に入れる。
③ 干ししいたけの戻し汁にめんつゆを入れて200mlになるよう
水を加え、②に入れる。
④ 中火で加熱して沸騰したら弱火にし、10分炊く。
火を消して10分蒸らす。

フリーズドライ豆乳冷や汁

材料

お好みのフリーズドライ味噌汁……1人分
豆乳（常温もしくは冷蔵）
……フリーズドライ味噌汁を戻すお湯と同じ量
ご飯……茶碗1杯分

作り方

① フリーズドライ味噌汁を茶碗に入れ、豆乳を注ぐ。
② 1分ほどで具材が戻ったらご飯を入れて混ぜる。

具だくさんの冷凍カプレーゼ

材料

ミニトマト……12個
ナス……1/2本
ズッキーニ……1/2本
オリーブオイル……大さじ2
モッツァレラチーズ……100g
生ハム……8枚
オリーブオイル……大さじ2
塩……少々

作り方

① ミニトマトはヘタをとって半分に切っておく。
② ナスとズッキーニを1cm幅の輪切りし、フライパンにオリーブオイルを弱火で熱して両面に焼き色がつくまでじっくりと焼く。
③ ボウルに①と②、ひと口サイズにちぎったモッツァレラチーズ、食べやすい大きさに切った生ハムを入れ、オリーブオイルと塩を加えて軽く混ぜる。
④ ③をチャック付き袋になるべく空気が入らないように入れて冷凍する。自然解凍でそのままカプレーゼサラダやスープの具材に。

Point

サラダやスープなどあと1品ほしい時はもちろん、パスタの具材にするなどメイン料理に使うこともできます。冷凍保存で3週間もつので、時間がある時に作っておくと便利です。

水漬け納豆パスタ

材料

パスタ ……100g
塩 ……少々
納豆 ……1パック
醤油 ……大さじ1
海苔（細切り） ……適量

作り方

① フライパンにパスタを半分に折って入れ、
ひたひたになるくらいの水を注いで塩を加えて1時間浸ける。
② ①を中火にかけ、沸騰してからさらに1分茹でて
余分な茹で汁を捨てる。
③ ②に納豆と付属のタレ、醤油を入れて
軽く炒め合わせて器に盛る。仕上げに海苔を散らす。

Point

パスタをチャック付き袋や保存容器に入れて漬けることも可能。長時間漬ける場合は冷蔵庫や涼しい場所におきましょう。気温の高い時期や1日以上漬ける場合は、傷んでしまう可能性があるので要注意。キャンプの際は、水漬け状態でクーラーボックスに入れて持っていくといいでしょう。

キッチンにも
フェーズフリーを

私たちの身体づくりや健康を支えるキッチン。そんな生活の中心にあるキッチンは、家のなかでもとくに危険が多い場所です。突然地震が起きた時、包丁やはさみなどの危険物だけでなく、ガラス食器、鍋やフライパンが落ちてくるでしょう。具体的に想像することは難しいかもしれませんが、揺れ方や置いてある場所によっては、あなたをめがけて飛んでくることもあります。電子レンジや炊飯器、冷蔵庫などの家電も同じです。おうちの防災を考えた時、まずはキッチンから始めるといいかもしれません。食器棚や冷蔵庫を壁や天井に固定することは実践されている方も多いでしょう。ほかにも耐震ロックや滑り止めシートの活用など、私たちが実践していることをPART2で紹介していますので、ぜひ参考にしてみてください。

夫婦や親子で料理をしたり、友人が集まって食事の支度をしたりと、私たちの家のキッチンは、コミュニケーションが生まれる場所でもあります。子供と一緒に料理をする時は、包丁やはさみが危ないものだと伝えます。危険物だとわかれば、出しっぱなしにしないで洗ったらすぐに片付けることや、勝手に触ってはいけないことも理解できるでしょう。食器を運んだり洗ったりするお手伝いを頼めば、ガラスは割れ物だということを知り、ていねいに扱うようになります。

「キッチンは子供は立ち入り禁止」というご家庭もあるかもしれませんが、大切なのは何が危険かを理解していることだと思っています。どんな場所かわかっているからこそ、「勝手に触らない」「遊ぶ場所ではない」という判断ができ、「キッチンで地震が起きたらすぐに離れる」という避難行動にもつながります。

愛用アイテム

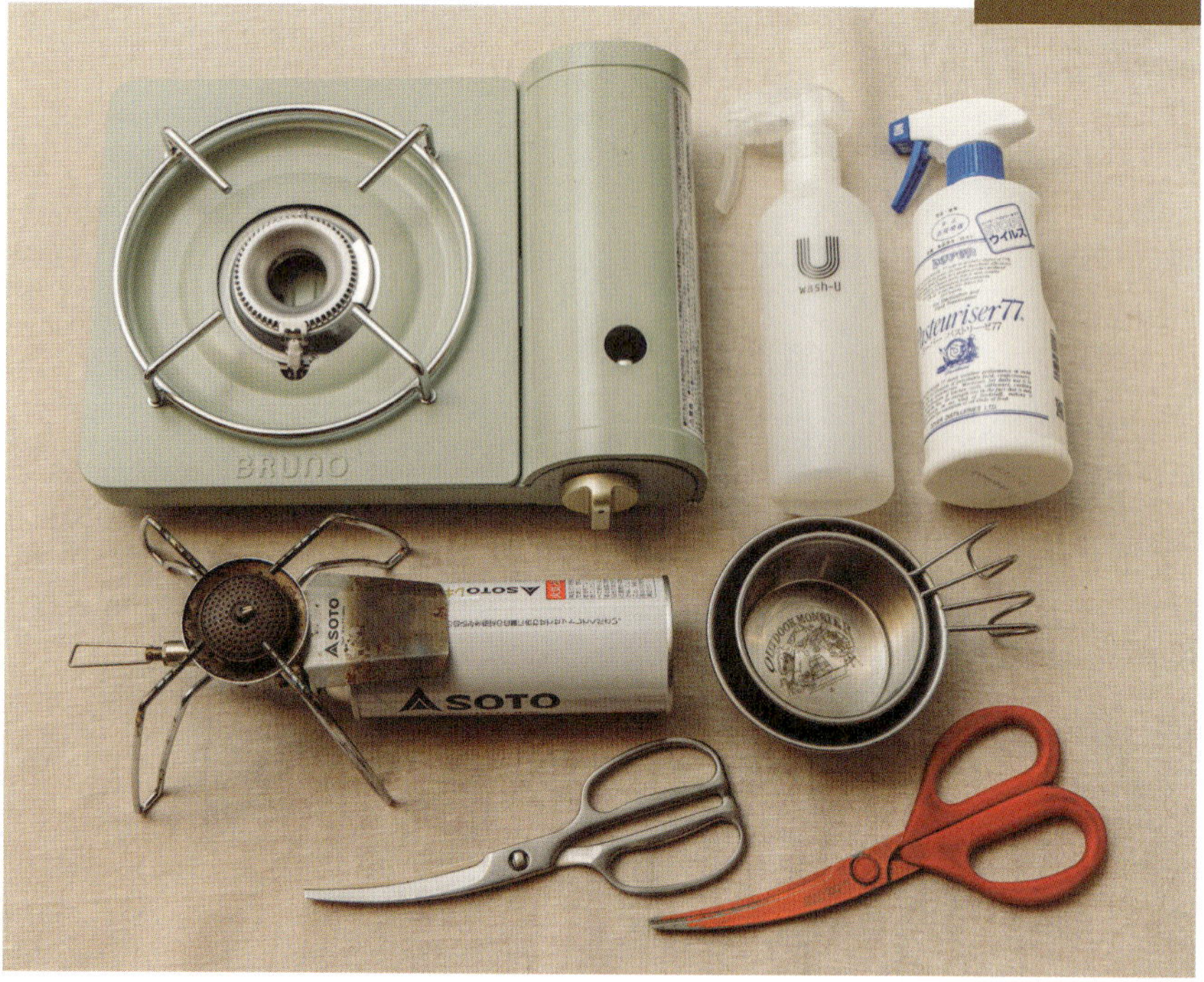

ライフラインが止まった時に食事をどうするかを考えてみましたが、私たちはあまり困らないだろうと思っています。それは、普段使いしているアイテムでなんとか乗りきれそうだからです。

カセットコンロは普段使いしていて、ガス缶のストックも十分にあるので火を使う調理は可能です。いつもキャンプで使用しているコンパクトにたためるシングルバーナーも活躍するでしょう。シェラカップが万能であることは18ページに書いた通り。衛生面は除菌スプレーがあるので、いつも通りの使い方で安心と安全を守れそうです。キッチンばさみで食材を切れば、まな板を使わず洗い物も減らせます。これも普段の調理でやっていること。はさみのほうがラクなこともあるので、調理器具として使い慣れています。

ベビーアイテム

ミルクが必要な赤ちゃんには、常温保存可能なミルクや水、哺乳びんが必須アイテム。液体ミルクや使い捨て哺乳びんは、アウトドアシーンや旅行などのお出かけ時にも、そして災害時にも便利です。離乳食期は、大人同様に食べ慣れているものがあると安心です。ベビーせんべいやふりかけ、オートミールは保存もききます。

　ベビーアイテムの使用方法や、離乳食・ミルクの量や時間間隔を把握しておくことも大切。とくに授乳記録はノートやアプリに残して周りに共有できるといいでしょう。普段からご近所さんや地域の場で会う人に挨拶していれば、「赤ちゃんがいる家庭」と知ってもらうことができ、いざという時、心強い存在になってくれるでしょう。

自分を見失わない
私の一要素

毎日の生活を豊かに送るには、心身ともに健康で心地よい状態でいることが大切ですが、仕事や家庭のことに追われて自分最優先でいられる時ばかりではありませんよね。それでも、お気に入りの音楽を聴いたり、好きな香りをかいだり、「これをすれば落ち着く」「これをするのが好き」というものがあると、心の浮き沈みがあっても、ほっとひと息つくことができると思います。心もそれを覚えるので、回復上手になっていくでしょう。こうした回復力のことをレジリエンスと言います。

災害など過酷な状況に遭ってしまった時の心の揺らぎは、きっと毎日の浮き沈みの比ではありません。日頃から心のレジリエンスを高めておくことは、いちばん身近なフェーズフリーだと考えます。

心地よさを感じる時は、自律神経が関係していることがほとんど。自律神経は身体のライフラインとも言われており、心臓、胃腸、血管などあらゆるはたらきをコントロールする神経です。自律神経が乱れる原因の多くは、ストレスや生活習慣の乱れによるもの。気分転換に音楽を聴いたり運動したり、規則正しい生活を心がけることでバランスが整います。毎日忙しくてそんな余裕はないと思う方もいるかもしれませんが、歯を磨きながらストレッチをしたり、移動中に音楽を聴いたり、ハンドクリームを好きな香りにしたり、部屋に観葉植物やドライフラワーを置いてみたり、それくらいで十分です。

何が効果的かは人それぞれ違いますが、このあとのページでは、私たち自身の「これをすれば落ち着く」をいくつか紹介します。災害が起きてライフラインが止まっても、避難所で限られたスペースしかなくても、実践できるものばかりです。

メンテナンス

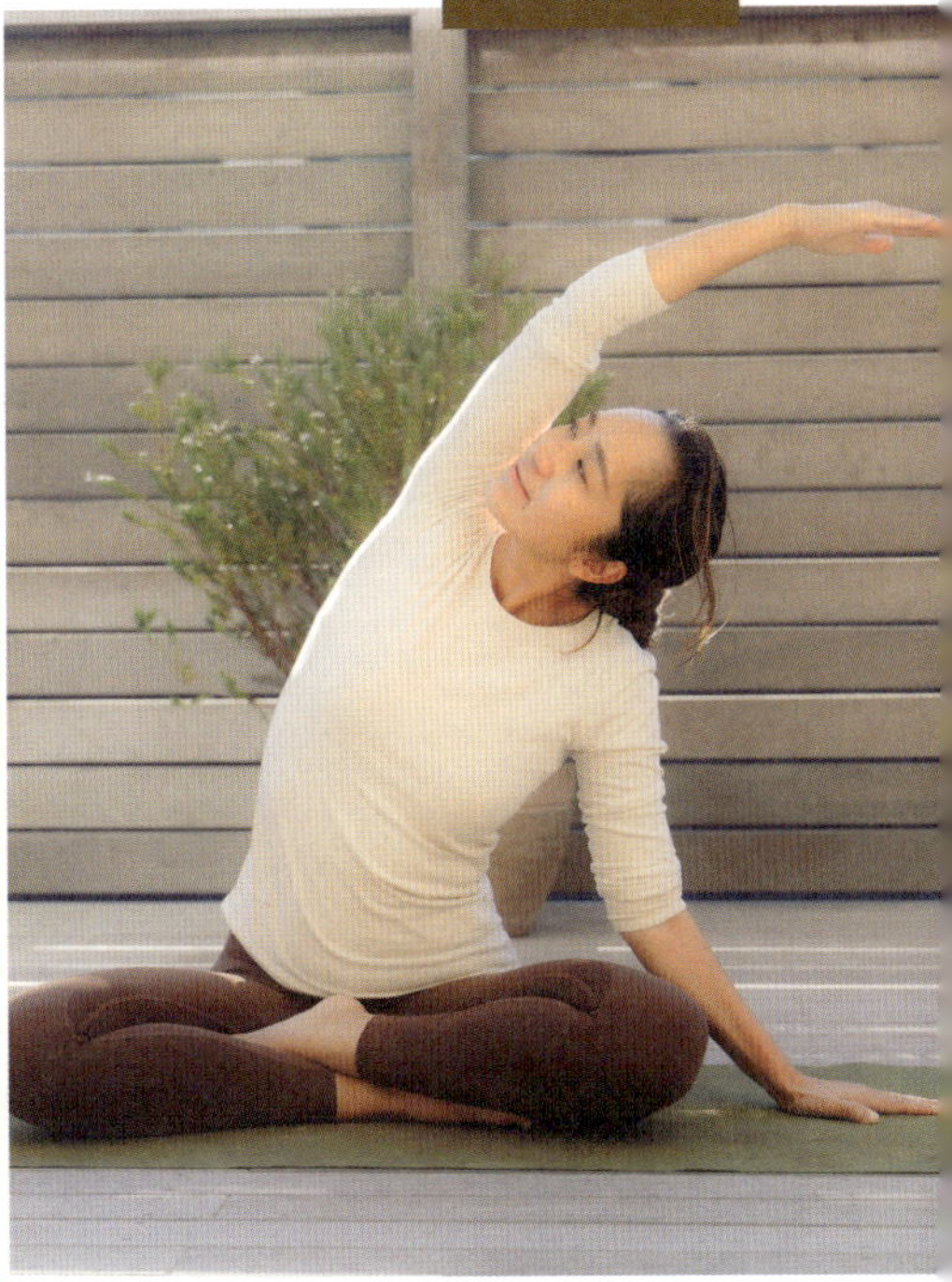

私たちは、日光浴が大好きです。日光を浴びると気持ちよく、ぐーっと両手を上げて背筋を伸ばしたくなりますよね。そうして背筋を伸ばすと呼吸が深くなり、心もほぐれていく感覚に幸せを感じます。日光を浴びると、元気の源や幸せホルモンと呼ばれるセロトニンが分泌され、自律神経が整います。ほかにも、免疫力アップやビタミンDが生成されるなどのうれしい効果も。

ヨガやストレッチをする時も、深呼吸をしながらおこないます。神経の伝達を促し、心と身体の声に気づきやすくなるので、自分と向き合う大切な時間。ウッドデッキにヨガマットを敷いたり、部屋のなかでストレッチ用のグッズを使ったり、自分のペースで無理せず楽しく続けています。

アロマ

嗅覚は五感のなかでも唯一、脳にダイレクトに伝わり、快か不快かの記憶を呼び戻すと言われています。大好きなおみそ汁の香りにほっとしたり、車酔いしやすい人が車内のにおいをかいだだけで気分が悪くなったり、そういった感覚です。頭痛や吐き気といった症状がある時にミントやハーブの香りで少し改善された経験がある人も多いのではないでしょうか。

アロマには殺菌、消臭、リラックスなど、精油の多用途な薬理効果があります。ティッシュに精油を1～2滴含ませたものをかいだり、アロマストーンなどに垂らしたりして使います。私たちはそれぞれ、スプレータイプや身体に塗りやすいロールオンタイプ、アロマキャンドルなど、様々なタイプ、そして好みのものを選んでいます。

音楽

歌ったり聴いたり、演奏したり、音楽にふれると日光浴と同じく、セロトニンの分泌を促す効果があると言われています。香りも同じですが、音楽も、「好きだな」「心地いいな」「落ち着くな」「気持ちが晴れるな」「集中できるな」と思える曲やジャンルがあります。それがわかっていると、気分に合わせて音楽を変えるのはもちろん、音楽によって気分を変えることもできます。シーンに合わせて自分のプレイリストを作っておくといいでしょう。心を落ち着かせたい時は、ヒーリングミュージックなどもおすすめです。

曲に合わせて身体を動かしたり、歌ったり演奏したりしていると、呼吸のリズム運動にもなります。手を叩いたりステップを踏んだり、自分の身体を鳴らすことも音楽の楽しみ方のひとつです。

ラジオ

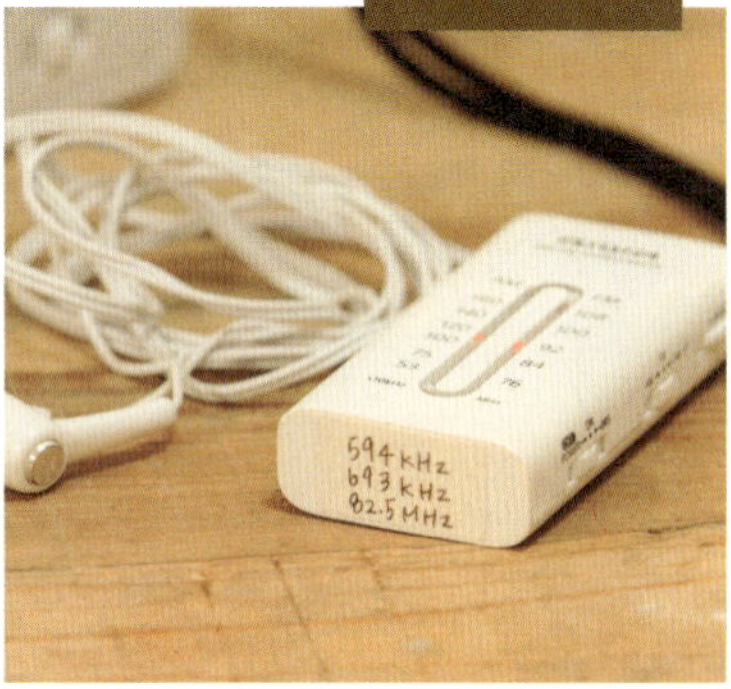

ラジオは地域によって周波数が異なります。マスキングテープに、住まいの地域や仕事場の地域の周波数を書いて貼っておくと便利。避難所など人が集まる場所では、音に配慮が必要です。イヤホンも合わせて備えましょう。イヤホンは耳栓代わりにもなります。

私たちにとってラジオは身近な存在。とくに、アヤは昔から馴染みがありました。子供の頃、キッチンに立つ母が毎朝ラジオを流している姿を見て育ち、アヤ自身も、一人時間や移動中にラジオをつけるようになりました。情報が次々に飛び込んでくる映像よりも、何かをしながら耳で聞く話を拾っていくほうが合っているのかもしれません。出張や旅行の際は、その地域のコミュニティー放送を聴いて、その土地の言葉や雰囲気を感じています。

ラジオはスマホがあればアプリでも聴けますが、災害時はライフラインの状況やアクセス集中によってつながりづらくなります。電波が届くところであれば聴くことができ、放送エリアに合わせた情報をリアルタイムで届けてくれるラジオは、時代を超えた防災必需品です。

CAMMOC的 ラジオの選び方のポイント

1 ワイドFMに対応

90.0～94.9MHzのワイドFMは、高層ビルや山間部などの受信環境が悪いところでも聴きやすい難聴対策や災害対策がされたステレオ放送。ラジオの機種は、ワイドFMに対応したものを選びましょう。

2 充電方法が選べる

日常使いならスマホと同じようにUSB充電が便利ですが、災害時を考えると選択肢を広げる必要があります。乾電池、手回し充電、ソーラー充電など、複数の充電方法があると状況に合わせて選択できて重宝します。

3 持ち運びやすいサイズ

小型で携帯できるサイズであれば、外出時にも持ち運びやすくて便利。災害時も避難所へ行く場合には、なるべく荷物にならないほうがいいでしょう。ストラップがあると吊り下げることもできます。

4 +α機能

懐中電灯や読書灯、モバイルバッテリーなどの機能がついたラジオもあり、非常時に助かります。ただ、多機能になると大きくなったり重くなったりするので、自分の用途に合うものを選ぶことが大切です。

植物

アヤの家。こちら側はすべてフェイクグリーン。

陶器の鉢は強力な耐震ジェルで固定。カラビナ付きのゴムバンドを使い、倒れづらい重い鉢にさらに固定。

マミの家は「植物のある暮らし」とも言えるほど植物に囲まれ、共に暮らしています。空間だけでなく心も豊かにしてくれる大切な存在です。

植物の防災対策は情報が少なく、日々自分の暮らしに合わせてアップデート中。植物のために日当たりのいい窓辺に置いたうえで転倒防止策を考えています。その点、ドライフラワーやフェイクグリーンは生育環境を気にせず飾ることができるので、とくに水やりの手が届かない高い場所や壁に飾ることができます。落下してもリスクが低いので、防災にも向いています。カナやアヤの家でも、室内はフェイクグリーンやドライフラワーを取り入れて、安全とお世話のしやすさの両方を叶えています。

自給自足可能な家庭菜園は、最高のフェーズフリー。新たな趣味でも節約目的でも、防災でも、理由は何でもいいので、興味があるならまずは始めてみること。自分にとって無理のない範囲でスタートしましょう。マミは室内のポットひとつ。小さいけれどいつも目にするところにあるので愛おしくなり、感謝の気持ちや生命の循環も感じられます。

カナの家では、ウッドデッキにプランターを設置。その季節に育てやすいハーブや野菜を植えています。子供たちと一緒に育てながら、自分の手で摘み、食べる楽しさを感じられる魅力があります。

COLUMN

いざという時に役立つアイテム

普段当たり前のように使っているアイテムは、いざという時に意外な使い方で役立ちます。たとえば、ペット用のトイレシーツ。トイレの便器やバケツにビニール袋をかぶせて、なかにペットシーツを入れると簡易トイレになるほか、避難所など慣れない環境で寝る子供のオムツやおねしょシーツにもなります。ほかにも生ごみを包むなど、高い吸水力と防臭力を活かして様々なシーンで活躍します。

育児用品のおしりふきも「赤ちゃんのおしり専用」と思わず、身体や顔を拭いたり、拭き掃除をしたり、ボディシートやウェットシートとしても使えます。

食パンが入っているPP袋は、ポリプロピレンという素材で通常のポリ袋より臭いを通しにくく、防臭袋として生ごみや排泄物などの処理に活用可能。クシャッと丸めて洗剤をつければ、食器を洗うスポンジの代用にもなります。

少し視点を変えてみるだけで、意外な活用法を秘めたアイテムはたくさんあります。家にあるものを「こんな使い方は？」と検証してみましょう。

「あ、アレがない」
という時こそ
ひらめきチャンス！

part 4

これからの時代の防災

生活の知恵には防災意識が詰まっている

子供の頃に母から「靴を脱いだら揃える」と教わったマナーは、今は習慣になり防災にも役立っています。どういうことかというと、靴を揃えておけば、いざという時にサッと履いて逃げることができるからです。ほかにも、「使い終わったら片付ける」「ドアの近くに物を置かない」というようなことも母から教わったこと。そう思うと、誰でもフェーズフリーな暮らしを実践しているような気がします。

マナーや習慣、家庭や地域で何を教わるかは人それぞれ違いますが、時代や社会背景によっても大きく変わってきます。とくに、デジタル環境の影響は大きいですよね。「風がこう吹いたら雨が降る」という先人から次世代へ語り継がれていたようなことも、今はスマホが「1時間後に雨が降ります」と通知してくれるような時代です。食材を入れてボタンを押せば料理を作ってくれる調理家電もありますね。でも、便利でありがたい一方、それがなければ何もできない状況に危機感を覚えることはないでしょうか。

たとえば通信障害や充電切れでスマホが使えなくなれば、連絡をとるのに困りますよね。公衆電話があっても連絡先を覚えているのはスマホです。充電があればアドレス帳は開けますが、10円硬貨・100円硬貨は手元にあるでしょうか。食事はどうでしょう。ライフラインが止まって調理家電が使えないとしたら、レンジや火を使わないレシピがどれくらい思い浮かぶでしょうか。カセットコンロを使って鍋で米を炊くとしても、適切な水の量と火加減を知っておく必要があります。また、冷蔵庫の中身をどうするか、ブレーカーを落とすかどうか、水をどう溜めるといいか、自分で判断できるでしょうか。「ネット検索すればいい」

「コンビニに行けばいい」という普段の感覚は、災害時には通用しません。

デジタル機器や家電、時短・便利グッズといった画期的な物は暮らしを快適にしてくれますが、被災した時に頼りになるのは、結局自分の〝アナログ〟な感覚だったりするものです。解決策のアイデアやひらめきも、自分の知識や経験からしか生まれません。防災アイテムをどう使うか、どう活かすかも自分次第です。

子供の頃に教わったことやマナーや習慣、昔から語り継がれていることには、フェーズフリーのアイデアが詰まっています。靴を揃えることがそうだったように、フェーズフリーを意識して今の暮らしを続けたり見直したりすると、〝もしも〟に強い暮らしになり、〝もしも〟に強い自分にもなっていきます。

日々の暮らしやアウトドアシーンはもちろん、
非常時にも役立つアイテムの活用術を紹介します。

暮らしのライフハック

01 ポリ袋、レジ袋

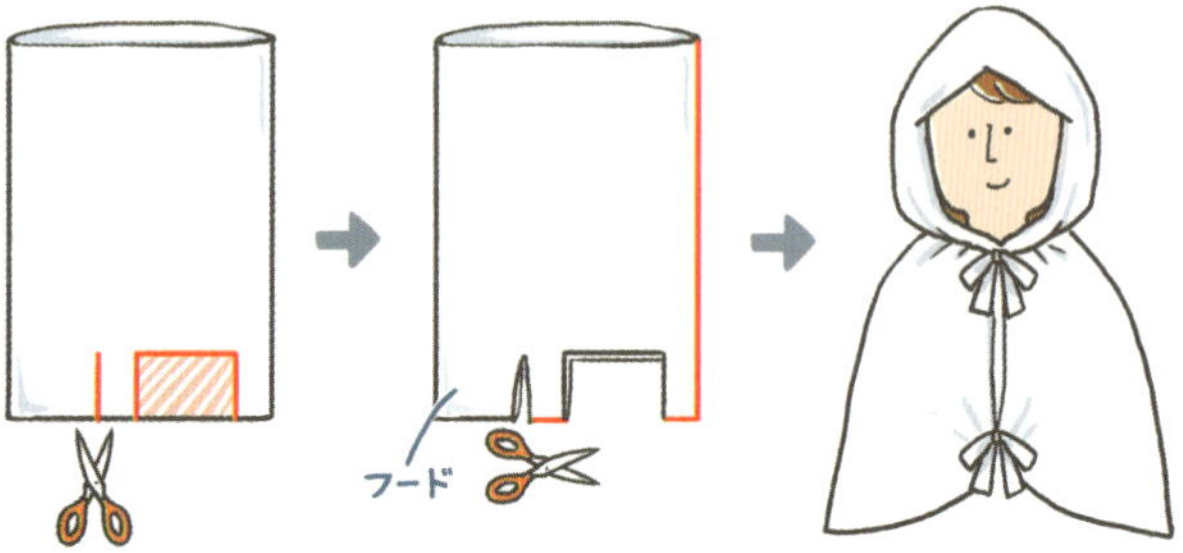

30L以上の大きいサイズのポリ袋はごみ袋としてだけでなく、雨よけとして重宝します。荷物を入れるのはもちろん、袋の端を切って開けば1枚のシートになり、防水カバーとしても使えます。また、イラストのように袋を切って角に頭を入れて、ひも状になった部分を結べばフード付きのポンチョ型レインコートに。スポーツ観戦や野外イベント時、急な通り雨にも対応できそうです。防水機能がある袋だと考えると、簡易トイレや給水袋としても活用できますね。

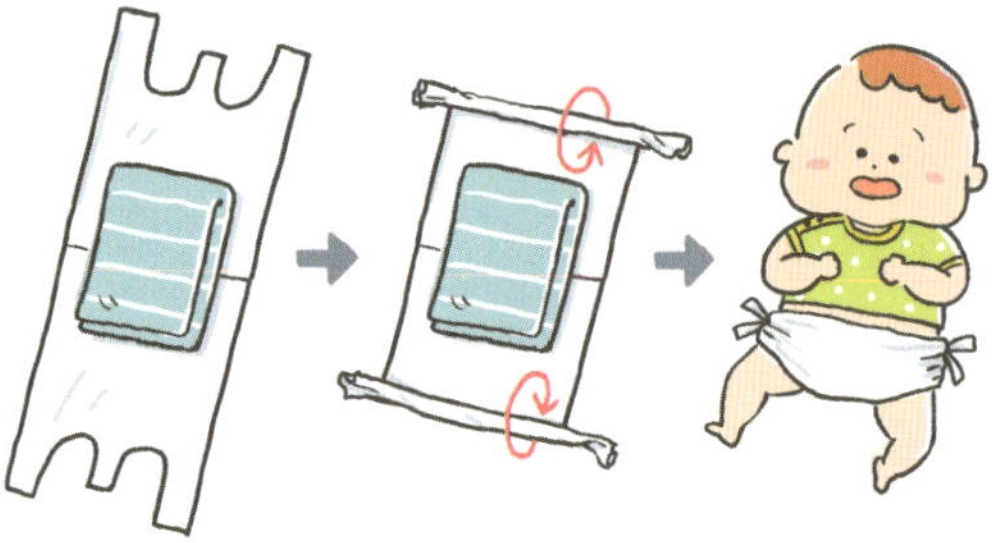

持ち手がついたレジ袋は手袋や靴カバーとしても活用できます。非常時に知っておくと便利なのが、簡易オムツになること。袋の持ち手の輪とマチ部分を切って開き、畳んだタオルを敷きます。両端をくるくる巻いたら赤ちゃんをタオルの上に寝かせて、両サイドを結べば完成です。赤ちゃんに限らず、高齢者やペットなどにもレジ袋やタオルの大きさを変えて対応することができます。

02 手ぬぐい

手ぬぐいは、言うなれば一枚の布。だから何にでも使える便利アイテム。たとえば、ハンカチやタオルのように濡れた手を拭いたり汗をぬぐったり、頭や首に巻いてストールのように日よけにしたり。弁当を包んでそのままランチョンマットにしたり、枕カバーにしたり、荷物のカバーにすれば汚れ防止のほか、目隠しになって防犯対策にもなります。タオルや衣類を挟んで頭に巻けば簡易ずきんになり、埃や煙があるところでは口を覆う簡易マスクにもなります。細長くて薄い手ぬぐいは、ひも状にもなるのでイラストのようにストレッチグッズにもなりますね。血流をよくして身体をほぐしましょう。

清潔な
手ぬぐいで
応急処置も

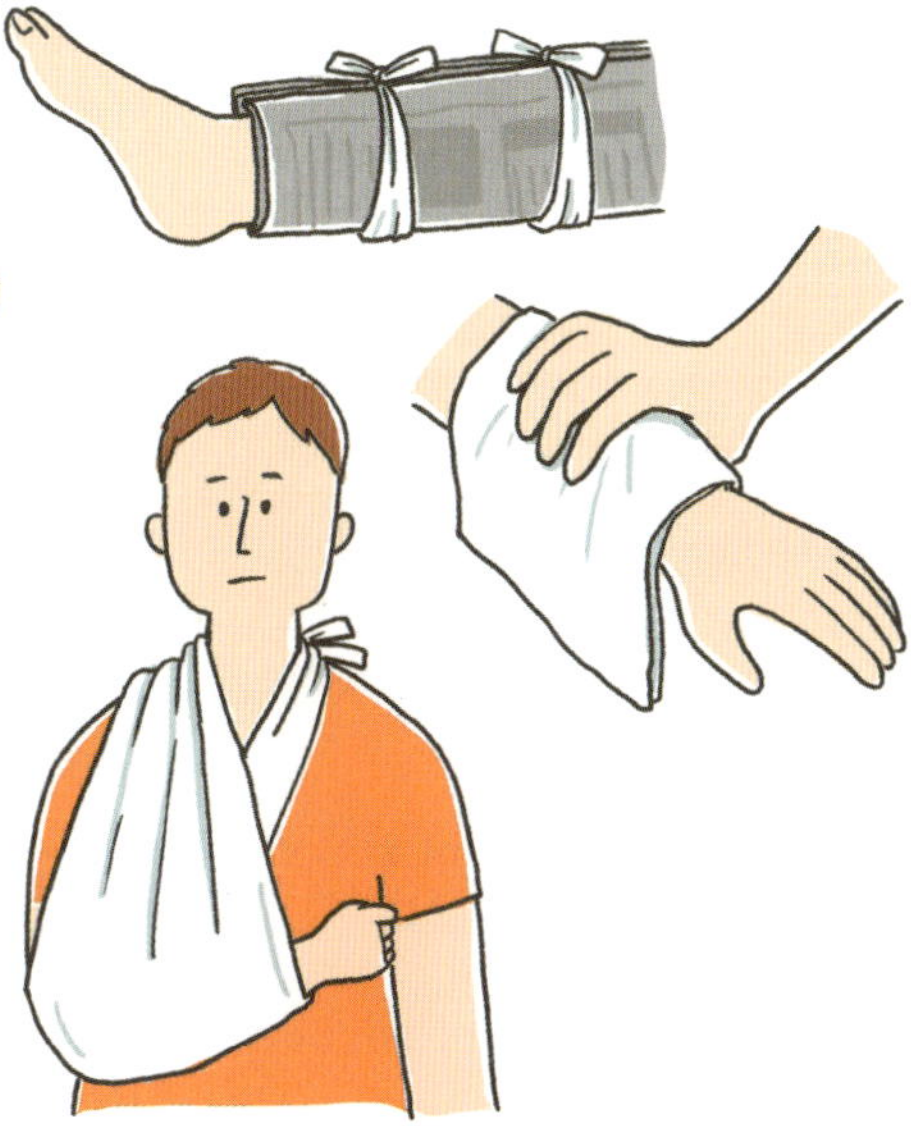

止血ガーゼや包帯として代用したり、やけどを負った場合には水で濡らした手ぬぐいで覆って保護したり、保冷剤で冷やす際のあて布にもなります。三角巾として使う際に長さが足りなければ、端を結んで2枚つなげましょう。止血は、出血箇所に巻いて直接圧迫と傷口から心臓に近い位置を強く縛る間接圧迫がありますが、どちらも手ぬぐいで対応できます。

03 ラップ

キッチングッズのラップは、食べ物の液漏れやにおい漏れを防ぐアイテム。となると、生ごみやオムツを捨てる際にも同じように役立つはずです。そして、アウトドアシーンや非常時に覚えておくと便利なのが、ねじってひも状にし、3本で三つ編みにするとロープになること。物干しロープや荷物を縛るひもとして役立ちます。黒板やホワイトボードがない場面でも、ラップを壁やガラスに貼って簡易伝言板にすることができるので、これも覚えておくといいかもしれません。

04 アルミホイル

アルミホイルは丸めると金属たわしの代わりになるので、野菜をこすって皮むきに、そのあとは掃除用具としても活躍します。熱を反射して体温の低下をおさえる効果も期待できるため、手先や足先が冷える時はアルミホイルを巻いてから手袋をしたり靴下を履いたりすると、効果的に温めることもできます。そのほか、乾電池の大きさを変える方法は誰かに教えたくなる便利技。マイナス極側にアルミホイルを挟めば単4電池が単3電池に、単3電池が単2や単1電池として代用できます。単3電池を大きい電池として代用する時は、布を巻いて太さを調整しましょう。

※これは正規の方法ではないので、常用しないでください。

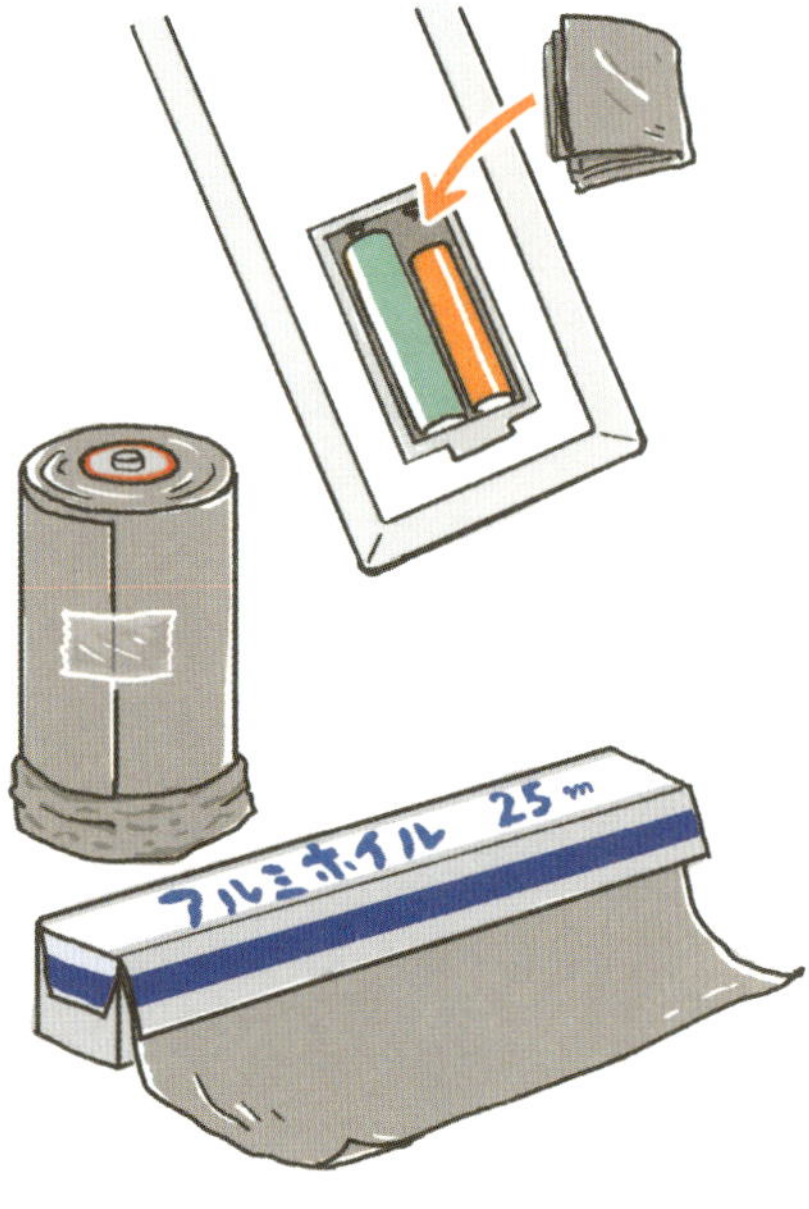

浴室やお庭で
遊びながら試してみよう!
(54ページ)

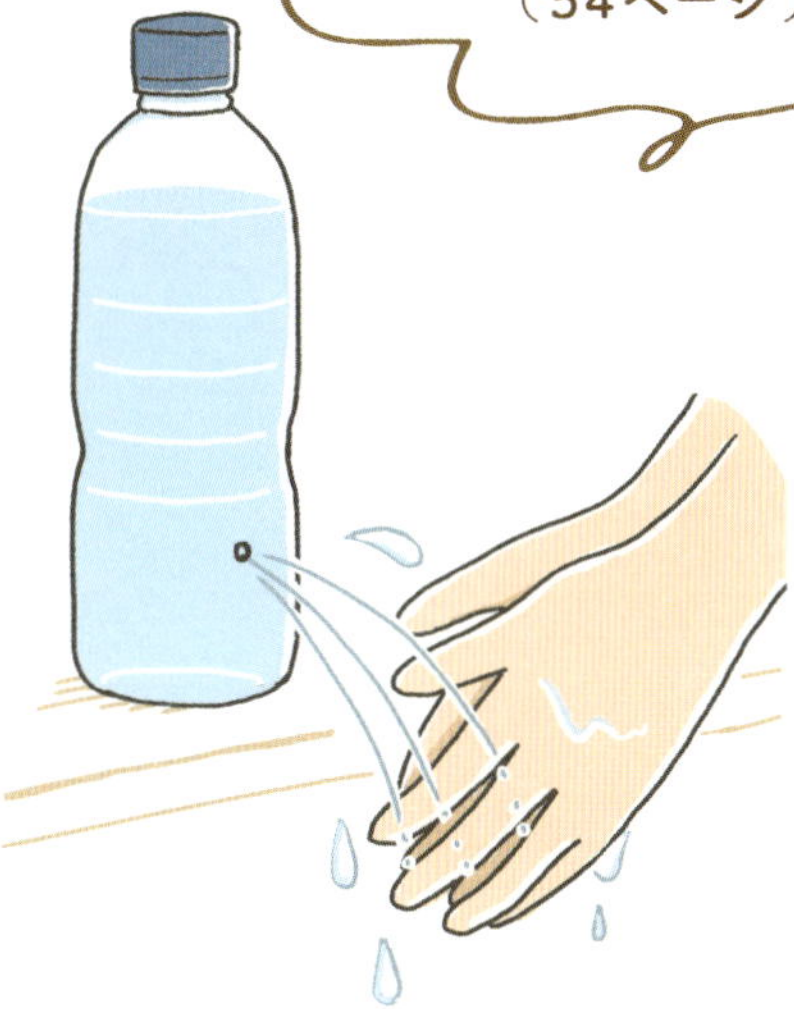

05 ペットボトル

冷凍専用のペットボトル飲料は、普段から数本冷凍庫に入れておくと便利。アウトドアシーンではクーラーボックスに入れて保冷剤代わりになり、同様に、停電時にも安心です。ホット用のペットボトルは、60度のお湯(沸騰する間際に泡が立ち始めたくらい)を8分目まで入れてタオルで包めば、湯たんぽになります。
断水時に知っておくと便利なのがウォータージャグになること。ペットボトルの下部に穴を開けて指でおさえながら水を入れ、蓋を閉めます。指を放しても水はこぼれず、蓋をゆるめることで水を出すことができます。

家具の転倒防止は
子供部屋で採用!
(53ページ)

06 段ボール

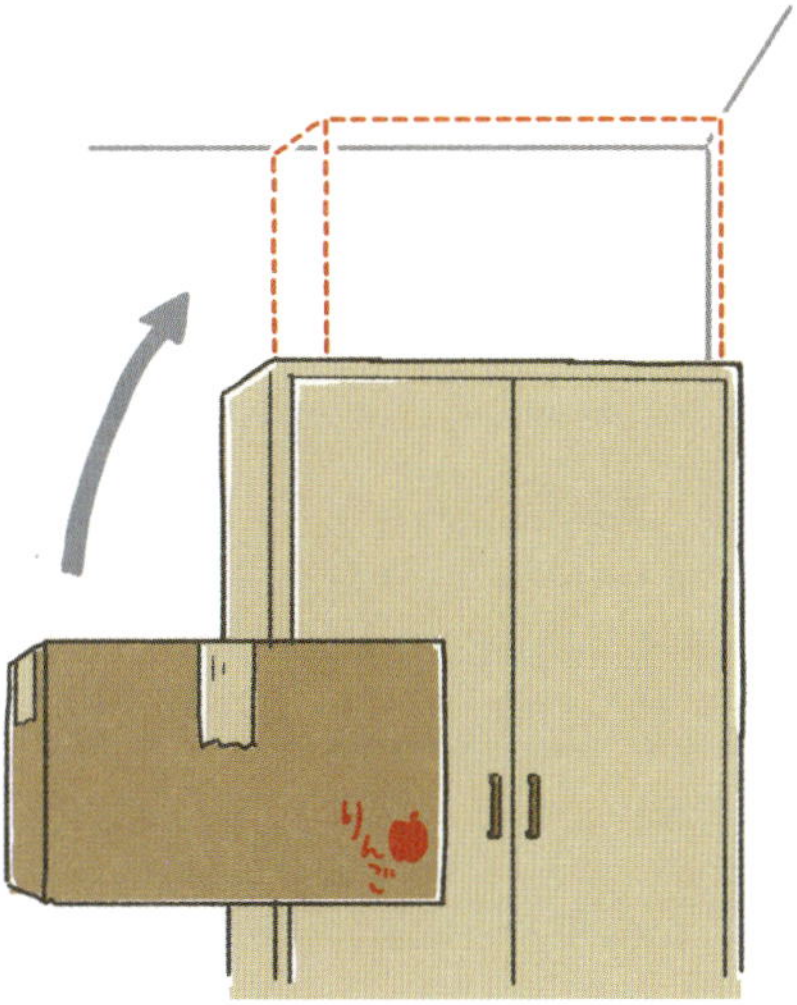

敷き物になったりパーテーションを作ったり、避難所でもよく活用される段ボール。自宅では、収納ボックスとして使っている人も多いのでは? 天井と家具との間にスペースがある場合、その隙間にぴったり収納しておけば家具の転倒防止になります。備蓄品ボックスとして活用し、いざという時は簡易トイレにすることもできます。

07 レジャーシート

水や汚れに強いため、子育て家庭では大活躍。食べこぼしの汚れ防止として食事する際の敷き物にするほか、車に常備しておけば、水遊びや急に雨に降られて濡れた時も防水シートになり安心です。非常時、車や施設に避難することがあれば、目隠しのカーテンとしても使えます。

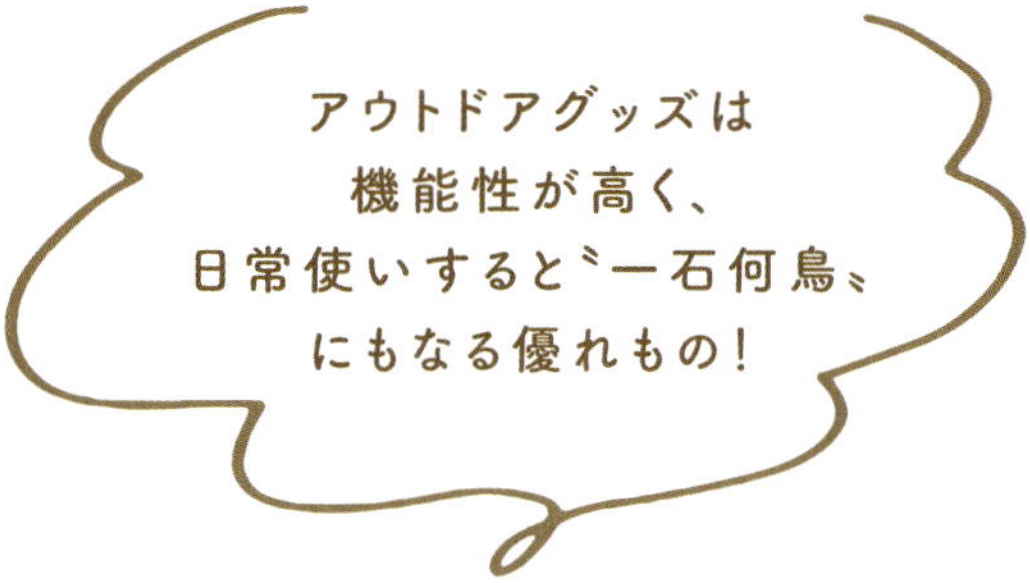
アウトドアグッズは
機能性が高く、
日常使いすると〝一石何鳥〟
にもなる優れもの!

08 寝袋

畳んでクッションカバーに入れてクッションとして、枕カバーに入れて枕として家や車で使っていれば、収納スペースは不要。しまっておく必要はありません。広げてブランケットにしたり、掛け布団にしたりすることもできます。

09 キャンプマット

出番が少ないのに収納スペースを占領する来客用の敷布団や座布団は、キャンプマットで代用。蛇腹式に折り畳める「クローズドセルマット」は簡単に準備ができて耐久性が高く、空気を入れて膨らませる「エアーマット」は軽量でコンパクトに収納できます。ヨガマットや子供のプレイマットとしても活用できます。

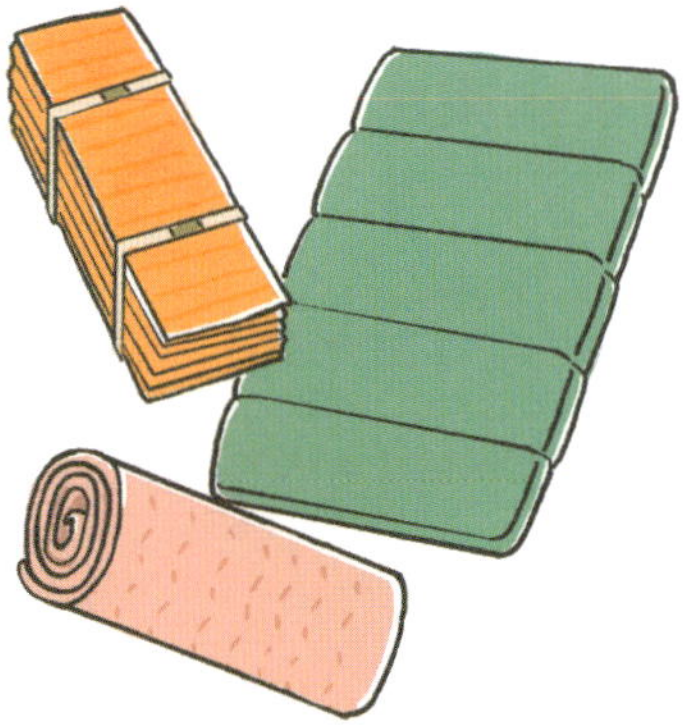

CAMMOC的 知っておきたい寒暑対策

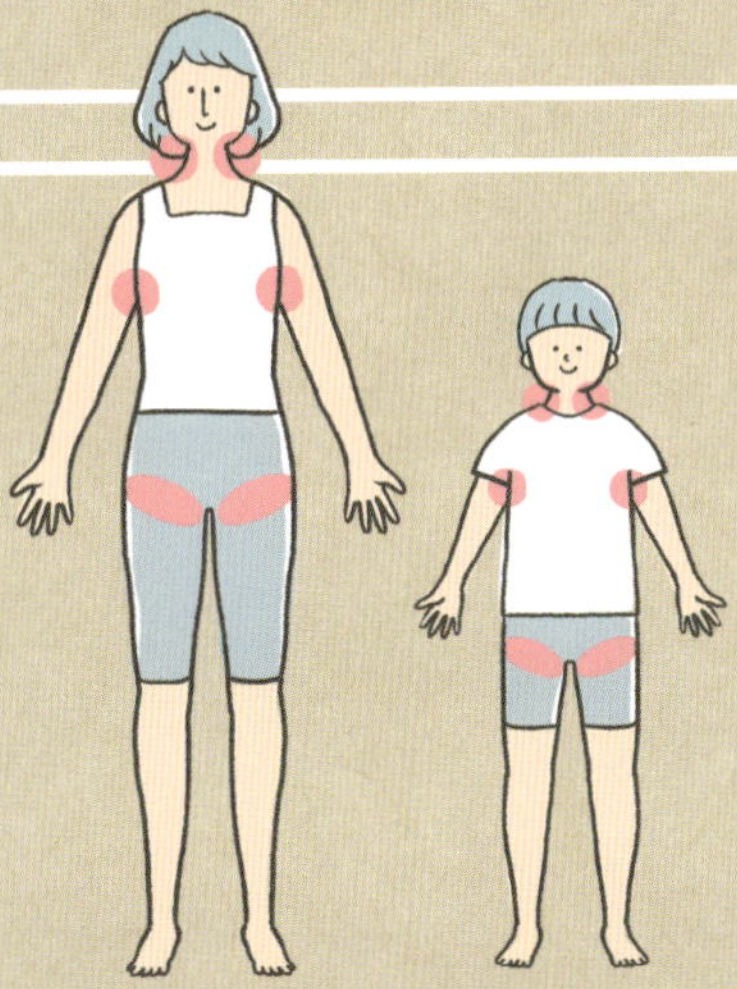

温める時も冷やす時も同じところからアプローチ

体温が上昇すると発熱や熱中症、低下すると低体温症のリスクが高まります。猛暑のなか停電でエアコンが使えなかったり、雪のなか車中で立ち往生したり、そうした状況は生命の危機にかかわることも。環境温度が調節できない場合でも、体温や体感温度を調整する方法があります。

大きな血管が通っている首・両脇・脚の付け根を、寒い時は温め、暑い時は冷やすことで効率的に全身の体温を上げ下げすることができます。代謝を高める食べ物で体を内側から温めることも大切。冷感素材のアイテムを使って脳に冷たいと感じさせることも効果的でしょう。

寒

肌ではなく身体の芯を温める

寒い時期は上記イラストのポイントにカイロを当て、身体を温めましょう。貼る場合は、剥がれにくい肩甲骨の間やへその下、足裏なども効果的です。使い捨てカイロはチャック付き袋に密閉すると発熱効果が持続し、使用後は消臭剤としても活用できます。

太い血管がある首と両脇、脚の付け根付近は指で押すと血の巡りがよくなるので、冷え改善にもつながります。体を温める成分をたっぷり含んだ生姜キャンディも、手軽でおすすめです。

暑

身体の熱を逃がしながら冷やす

こまめな水分補給は基本ですが、脱水症予防には経口補水液(水500ml+砂糖20g+塩ひとつまみ+お好みではちみつやレモン汁)がおすすめ。野外では帽子や日傘を使って直射日光をよけましょう。

熱をもった身体は氷や保冷剤で冷やしたり、ネッククーラーやハンディファン、空調服や冷感スプレーなどの暑さ対策グッズをうまく活用したりして、熱を逃がします。タオルや手ぬぐいを水で濡らして首に巻くだけでも効果的です。

地球に優しく
暮らしを心地よく

ライフスタイルの話をしていると、持続可能な社会やエコの観点から「地球に優しくありたい」という考えをよく耳にします。この〝地球に優しく〟は防災と似ているところがあると思います。どちらも大切なことだとは理解しつつも、今すぐに暮らしがよくなる実感が得られるわけではないので、手間やコストを負担に感じて優先順位は低くなりがちですよね。でも、フェーズをフリーにして見つめてみると、地球に優しくすることは防災にもつながり、家計の負担を軽減でき、暮らしも快適になるなど、〝一石何鳥〟を叶えることがたくさんあります。

たとえば、資源ごみの再利用。私たちは、ペットボトルをおもちゃや簡易シャワーにしたり、牛乳パックをまな板として使用したりします。着なくなった衣類などの古布も、掃除に活用。穴が開いた靴下は、手にはめるとブラインドやサッシの掃除、車の窓拭きにもぴったりです。処分するものを活用して無駄な出費を抑えられ、節約・節水になり、家事がラクになり、発想力や対応力が身につき……と、いいことだらけ。もちろん、どれも災害時に役立ちます。

生ごみを土に還して肥料にする「コンポスト」の利用もたくさんのメリットがあります。ごみが減り、栄養ある肥料ができ、野菜の皮や芯を無駄なく使うことができ、生ごみの臭いに困らない……。ごみ収集が休みになる年末年始でも、料理をして生ごみが出ることを気にせず、普段通り。在宅避難をすることになっても、コンポストは頼もしい存在になるだろうと感じます。

地球の未来を考えると暮らしは自然とよくなり、自分自身もどこか心地よくいられる気がします。身のまわりの小さなことから、自分に合うかたちで考えていけるといいですよね。

非常の際には、こ
隣戸へ避難

ライフラインが止まったら

現代社会を生きる私たちの生活は、電気・ガス・水道・通信などのライフラインに支えられ、さらに家事をラクにしてくれる電化製品などにも助けられています。その便利さや快適さに頼りきって生活していると、ライフラインが停止するような非常時、私たちの生活は一変し、多くの困難が生じるでしょう。そもそも「ライフライン」という言葉が今のように使われるようになったのは、1995年の阪神淡路大震災の後からです。電気・ガス・水道・通信などの有無が、命をつなぐ時代に変わった、と考えることもできるでしょうか。

電話やインターネットの歴史はまだ浅いですが、さらにその昔、電気やガスのない暮らしが日常だった時代もありました。ろうそくの灯りで夜を過ごし、かまどで料理をし、井戸で水を汲み、自然と共生しながら工夫を凝らした生活を送っていたのではないでしょうか。現代の〝もしも〟の事態は自然環境の変化だけでなく、生活様式の変化によって増えていることもあるのかもしれません。

昔の暮らしとは違いますが、私たちが楽しむキャンプは、ランタンの灯りや焚き火での調理、自然の水を濾過して飲むなど、ライフラインから少し距離をおきます。その距離感はキャンプをせずとも、時代や自分に合うかたちで、日々の暮らしにも取り入れられます。たとえばベッドサイドランプをLEDランタンにしたり、鍋料理でカセットコンロを使ったり、台風や建物点検で断水が予想される際は、水を汲み置きするウォータージャグを活用したり……。災害対策としてトイレやお風呂、蓄電などの備えはしつつ、〝いつも〟の暮らしも工夫すれば、身近に起こる〝もしも〟の事態は減らせるものがいくつもあるはずです。

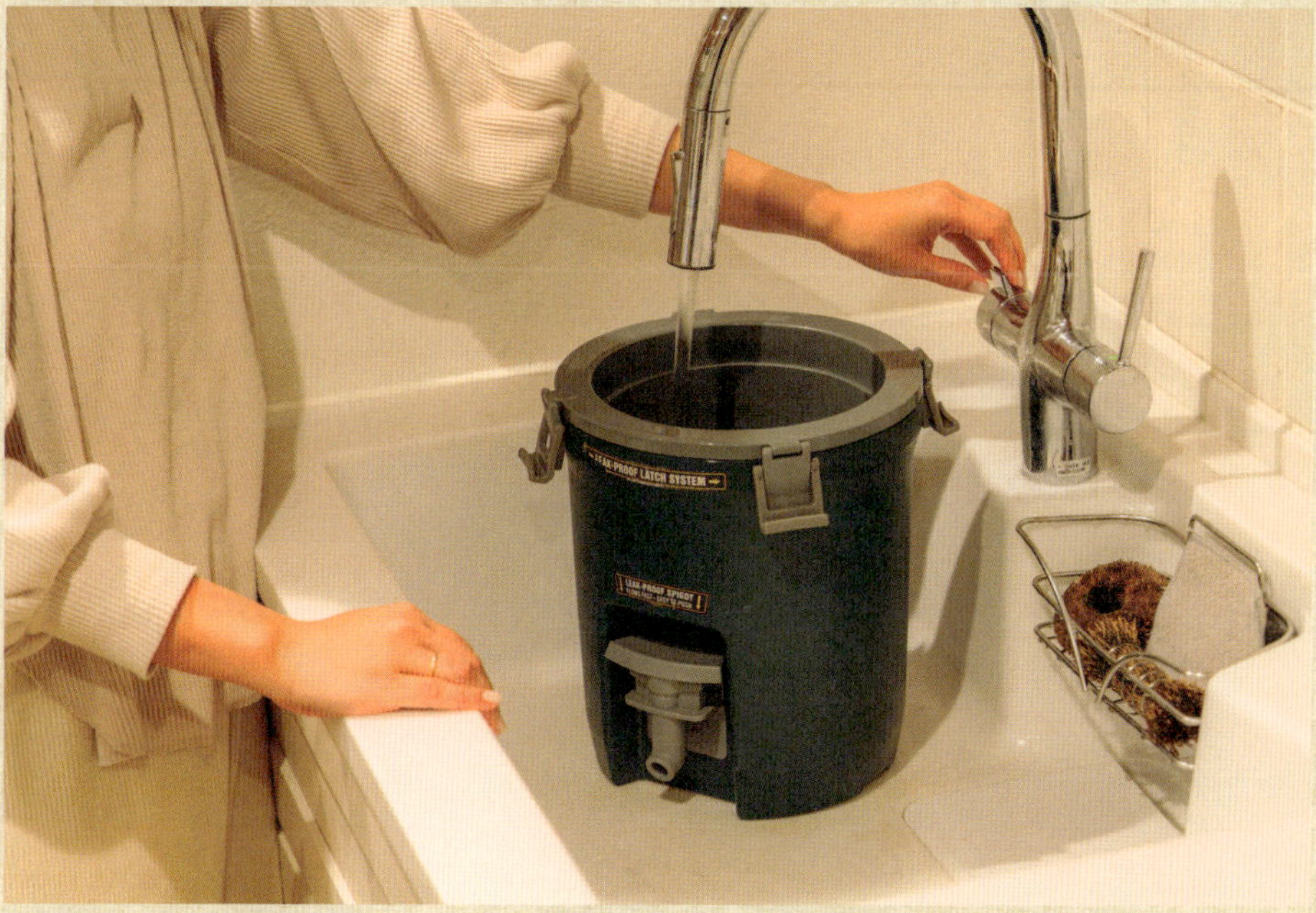
LEAK-PROOF LATCH SYSTEM
LEAK-PROOF SPIGOT

対処法

01 水道がストップしたら

飲料水と災害用トイレの備蓄はマスト。大きな地震直後は排水管が損傷している可能性があるためトイレの使用は避けてください。災害用トイレはすぐに使用できるよう、数回分は手に取りやすい場所に置いておきましょう。台風など断水が予測できる場合は、浴槽に水を溜めたり、空のペットボトルや水筒などに水道水を溜めます。水は身体の清潔を保つためにも必要。断水が長期化することもあるので、水不要の口腔ケア用品やドライシャンプー、ウェットシート、洗濯袋なども備えておきましょう。

02 電気・ガスがストップしたら

ブレーカーを落とし、ガスや水道の元栓を閉めて、復旧後の通電火災やガス漏れを防ぎます。電気はポータブル電源など蓄電できるものと、ソーラーパネルなど発電できるものを併用すると心強いでしょう。普段から使い慣れておくことも大切です。カセットコンロやカセットガスストーブがあると、食事や暖をとるのに役立ちます。予備のガス缶は災害時には入手困難になるため、1週間分を目安に、暗くて涼しく、低い場所に保管します。可能であれば分散させたり耐火ケースに収納したりすると、引火リスクを減らせます。

CAMMOC的 復旧までの過ごし方のポイント

1 命にかかわることから優先的に

発電機や蓄電池がある場合は、電気式の医療機器や真夏・真冬の体温調節など、命にかかわるリスクが高いことから優先的に活用します。排泄を我慢しないようトイレの対策も重要。災害用トイレの袋を設置したり複数人で使用する場合はルールを決めたり、準備しましょう。人が集まるところへ行く際は感染症予防のマスクを着用したり、口腔ケアをしたりすることなど、衛生面も命にかかわる要素のひとつです。歯磨きシートやうがい用の水、ボディシートや消毒スプレーなどを備えておくといいでしょう。

2 冷蔵庫を効果的に使う

停電時、冷蔵庫内はドアを開けなければ約2～3時間冷気を保つことができます。さらに冷たさをキープするには、冷凍品を冷蔵室の上段へ移動させると、冷気が上から下へ流れて効率的に冷やすことができます。普段から無駄な開閉をなくし、冷蔵室は上段に余裕を持たせて7割、冷凍室は10割の収納を目安にすると、保冷力が上がり節電にもつながります。停電時に庫内のものを消費する際は、日持ちしない生鮮食品や溶けて水浸しになる冷凍食品から使いましょう。

3 ネガティブな状態に振り回されない

災害発生時は目を背けたくなる情報が多く入ってきますが、情報をシャットアウトし、臆測で行動するのは危険です。常に最新情報をチェックして、適切な行動を心がけなければなりません。しかし、誰もが自由に情報を発信・拡散・収集できる時代なので、すべての情報が適切かどうか、すべての人に必要かどうかはわかりません。流れてくる情報を鵜呑みにせず、その情報が信頼できるかどうか、自分にとって必要かどうかを取捨選択することが大切です。受け身にならず、自分から必要な情報を求めて動きましょう。

4 心身に十分な休息を

避難所などでは落ち着いて休むことが難しく、大変な状況下で身体を休めることに抵抗を感じてしまうこともあるかもしれません。でも、心身ともに健やかであることが復旧までを乗りきる一番のカギ。様々なショックや環境の変化にストレスを感じて、心や身体に影響が出るのは自然なこと。我慢したり頑張ったりと、なるべく無理しないでしっかり身体を休ませます。日中はできる範囲で運動や食事をとり、暗くなったら眠ることが基本。そして、一人で抱えきれない時は話を聞いてもらうなど、自らもSOSを出すことは、自分のためにも周りのためにもなります。

家族みんなで〝もしも〟を考える

災害時、自分がどこにいるか、誰かと一緒かどうかは予測できません。家族がバラバラの場所で被災することも十分に考えられます。一人ひとりが自分自身の命を守ることを意識したうえで、みんなの命が助かる方法を考えておかなければなりません。家族であっても年齢や体質、性格によって災害時の課題は異なります。考え方を共有し、被災したらどうするか、一緒に家にいても違う部屋にいたらどうするかなど、ルールを決めておくといいでしょう。

私たちは日頃から意識していることが3つあります。1つはコミュニケーションをとること。「おはよう」の挨拶や「ありがとう」「ごめんね」はもちろん、何気ない会話も。伝言板やメモで伝えることもあります。手を握ったり抱きしめたり、スキンシップも欠かせません。遠方にいる家族ともメールや電話、SNS、写真共有アプリなどで近状を知らせています。

2つめは、家族写真を持ち歩くこと。とびきり笑顔の集合写真やペットのベストショットなど、見返した時に元気になれる写真を防災ポーチやマザーズバッグに入れています。裏には家族の連絡先や避難所などをメモ。万が一に備えたお守りです。

3つめは、旅行やキャンプに行くこと。バックパックを背負って電車や飛行機で旅したり、知らない土地に行ったり、日常生活ではできない体験すべてが、自身や子供たちの生きる力を育むものだと思っています。

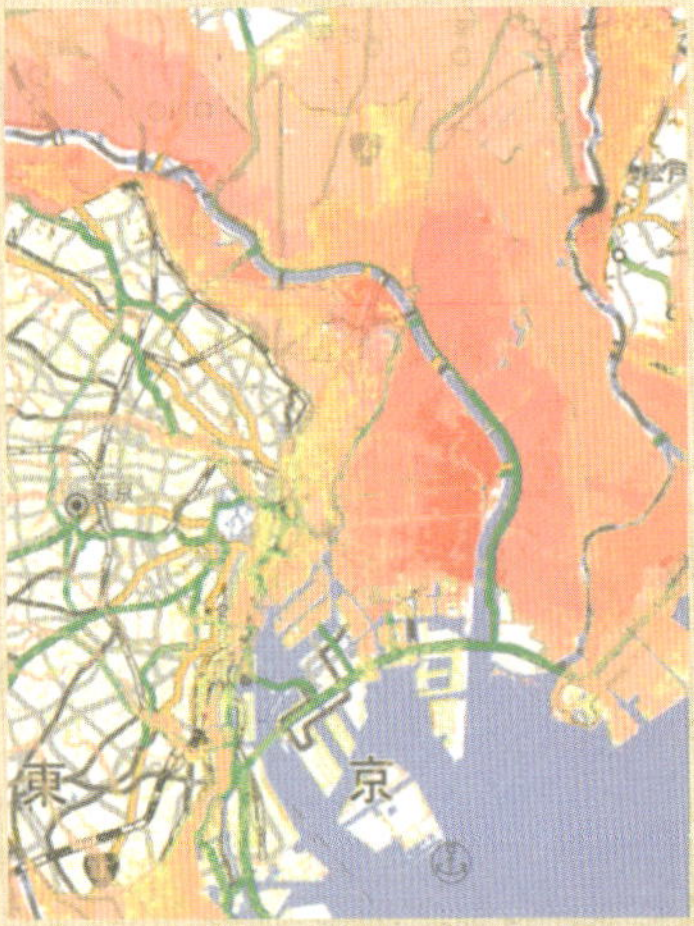

ハザードマップは最新のものを確認。
出典：国土交通省ウェブサイト

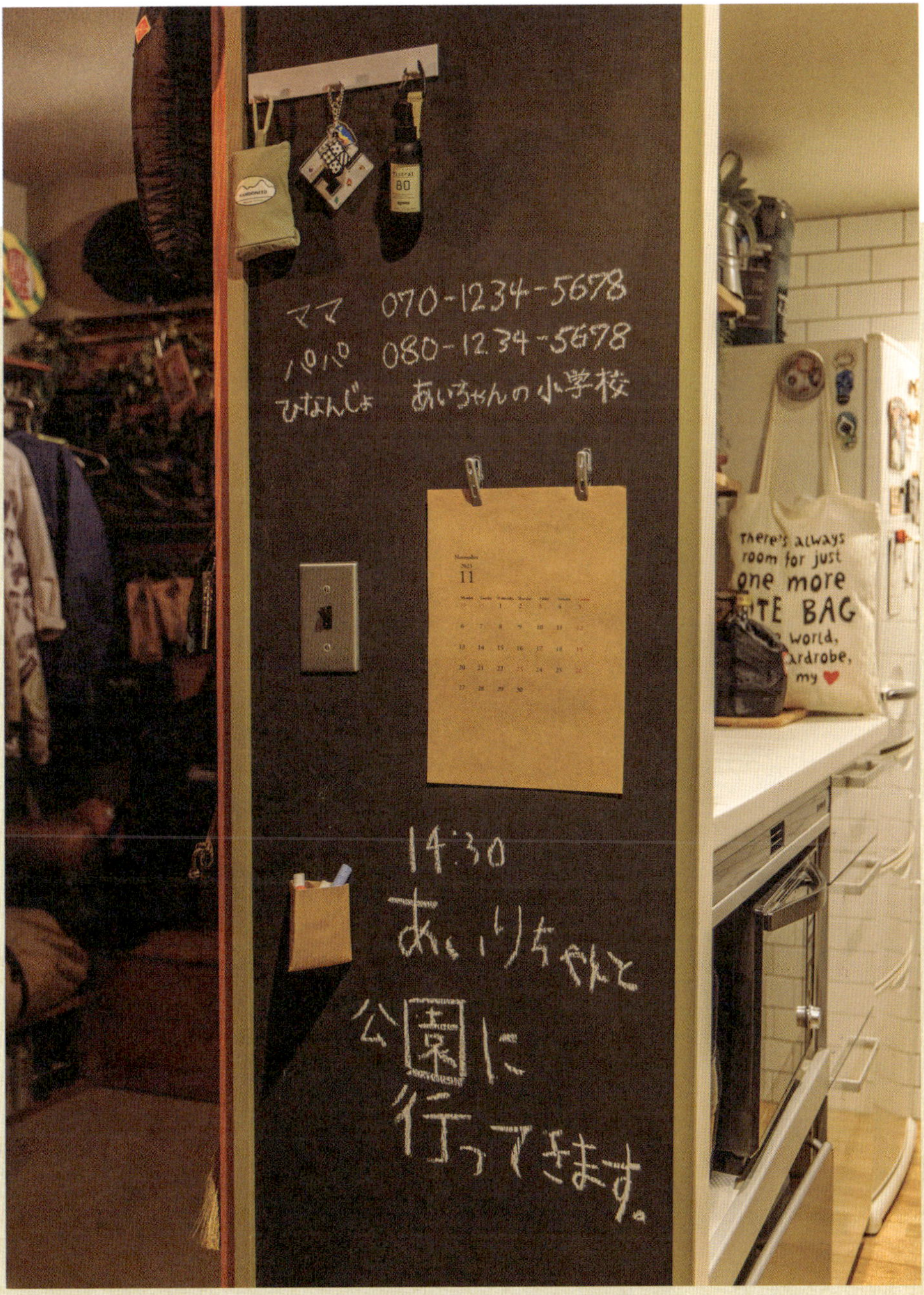
ママ 070-1234-5678
パパ 080-1234-5678
ひなんじょ あいちゃんの小学校
14:30
あいりちゃんと
公園に
行ってきます。
There's always room for just one more

私たちの防災は日々の生活のなかにあるので、一緒に暮らす家族も防災を特別なものだとは感じていないようです。子供にも教えるというよりは〝伝える〟、そして〝一緒に考える〟ことを大切にしています。離れて暮らす家族がいたり、もはや家族のようなルームメイトがいたりと、人それぞれの暮らしがあると思います。その暮らしがこの先も当たり前に続くよう〝もしも〟を考えてみてください。

焚き火や料理を楽しみながら、
火の大切さや安全な扱い方を身につける。

CAMMOC的 家族間共有のポイント

1 年齢に合わせて子供の自助力を育てる

幼児期であれば「自分や家族の名前を言える」「危険だと伝えた場所には近づかない」、小学生以上であれば「防犯ブザーを持ち歩く」「インターネットを適切に使う」など、一見するとふつうのことが、いざという時に子供自身が身を守る力になります。

2 自分の持ち物は自分で管理

子供であっても、年齢によっては外出や旅行の際に「自分の荷物は自分で準備し、自分で持つ」ということができるはず。自立心を育み、主体的に動けるよう促します。通園バッグやランドセルには、緊急連絡先やアレルギー情報などを書いたカードや防災ポーチを常備しておきましょう。

3 家族が守れるルールを決める

自宅のどこに、何がどれくらいあるか、一緒に暮らす全員が把握しておくようにしておきます。「使ったら戻す」「なくなったら補充する」というようなルールを習慣にすれば、いつでも安全で整理された状態を保つことができます。

4 他者との関係性を普段から大切に

家族の勤務先や習い事、よく遊ぶ場所などを共有し、離れた場所で被災した際の集合場所を確認しておきます。子供の友達家族やご近所さん、よく行くお店の方などとも、普段から関係性を築いておけば助け合える心強い存在になるでしょう。

5 離れて暮らす家族と連絡をとる

災害時はすぐに連絡がとれない可能性があるため、離れて暮らす家族とも、避難先や緊急連絡先を共有。普段からメールや電話、写真共有アプリやSNSを活用するなどしてコミュニケーションをとっておきましょう。

6 遠方だからこそ助け合う

家族や地域の状況によっては、離れた家族の家が避難先候補になることも。普段から助け合える関係性を大切にしましょう。被災地内だと通話がつながりにくい場面でも連絡を中継してもらうなど、間接的に助け合えることもあります。

地域との
つながりを大切に

防災を意識すると、暮らしに様々な変化が起こりますが、アヤにとっていちばん大きな影響を与えたのが「地域コミュニティ」でした。以前は、街の掲示板やお知らせに目を通すことはなく、近隣住民とも必要最低限の挨拶をかわす程度で毎日を過ごしていました。ある時、防災士の資格を取得してから自分が住んでいる地域の備えや避難場所について調べていると、フリーマーケットやお祭りなど、楽しそうなイベントが定期的に開催されていることを知りました。気軽な気持ちで参加してみると、挨拶しかしたことがない方と話が弾んだり、子供たちも友達の輪が広がったり、穴場的なお店を見つけて常連になったりと、思わぬ展開が待っていたんです。引っ越しから3年が経っていましたが、はじめて地域のつながりや温かさを感じました。それからは防災訓練をはじめ、コミュニティファームで育てた野菜を一緒に収穫して食べたり、マルシェやワークショップに参加したり、色々な地域行事に顔を出すようになりました。気づけば、近所のみなさんと笑顔で会話を楽しんでいて、今では積極的に地域のコミュニティづくりにも取り組んでいます。

人とのつながりがあれば、日常時も非常時も助け合うことができます。職場や遠方の家族が住む場所、インターネット上にもコミュニティは存在し、そこでの居心地のよさや安心感はお互いの支えになると思います。

交流をもつことに勇気が必要な時は、防災にもつながることだと思って、ぜひ飛び込んでみてください。世代や障害も超えた新たな居場所ができるかもしれません。暮らしも、自分自身もきっと、今よりさらに豊かになるはずです。

388
farmβ

手を差し伸べられる自分であるために

近頃、街にはバリアフリー構造やひと目でわかる標識が増えて、手元には便利なアプリが入ったスマホがあり、〝自分一人で〟を叶えやすい社会になったように感じます。そんななか、困りごとでさえ一人で解決することがマナーである気がして、人を頼ることに抵抗を感じてしまうような、そんな雰囲気が漂ってはいないでしょうか。

困っている人がいても見て見ぬふりをしがちな現代社会ですが、思いやりが足りないのではなく、〝現代風マナー〟を尊重するがゆえに、「余計なお世話かもしれない」と一歩踏み込むことを控えてしまう、そんなことが起こっている気がします。言わば、思いやりの空回り……。しかし、非常時にはそんなことは言っていられませんよね。

非常時に助けを求めている人がいたら、「お手伝いします」と、ためらわず声をかけられるでしょうか。一人で対応が難しい時は近くの人にも応援を求めます。また、自分が困った時に「助けてください」と言えることも重要でしょう。

今は健康で体力にも自信があるから〝助ける側〟だと思っていても、非常時には〝助けられる側〟になるかもしれません。誰もがはじめて経験したコロナ禍では、予期せぬ事態が起こり、生活様式の対応が求められ、社会は大混乱しましたよね。あの頃は年齢や立場など関係なく、誰もが助けを必要としていました。助ける・助けられるではなく、〝助け合い〟が大切なんだと痛感しました。

未来には、想定できない〝もしも〟が起こるかもしれません。その時、今以上に力を合わせることができるよう、普段から意識を変えていけるといいですよね。思いやりの空回りから抜け出せば、助け合いの輪が循環していくと思います。

自転車

今の暮らしを
これからの暮らしへ

「災害」という言葉が年々かたちを変えているることは、きっと誰もが身をもって感じていることだろうと思います。地震、台風、熱中症、線状降水帯、土砂崩れ、河川堤防の決壊、それに数年前までは考えもしなかった感染症のパンデミック……。内容や規模も、想像を超えるものばかりです。環境は刻々と変化していますが、どんな未来を迎えようとも、生き延びるためには「今」を積み重ねていくしかありません。今日食べたものが明日の身体をつくり、今交わしている会話が未来の関係性をつくるように、今が未来になっていきます。

私たちが大切にしている習慣の一つに、玄関から家族を送り出す時は最高の笑顔で「行ってらっしゃい」を言い、最高の笑顔の「行ってきます」を聞くというものがあります。これを始めたきっかけは、「もしも今日、災害が起きて二度と会えなくなるとすれば、最後が笑顔じゃないと後悔する」と、ある時思ったからです。今はすっかり習慣になっているので、疲れている時も喧嘩した日も、いつだって「行ってらっしゃい」と「行ってきます」は笑顔で……。気持ちをリセットできる、いいタイミングにもなっています。

今が未来につながるものであるとすれば、今は未来のひとかけら。その未来に予期せぬことが起こるとしても、〝もしも〟に強い〝いつも〟でいられたなら、〝いつも〟は続いていきますよね。そう思うと、フェーズフリーは、防災に限らず自分の理想の未来を叶える方法なのかもしれません。

私たちにできることは、今大切なものを、今、きちんと大切にすること。そうして「今」を愛おしみながら心地よく未来へつなぐ、それが〝フェーズフリーな暮らし〟の本質だと捉えています。

part 5

防災の自分ごと化

自分の〝もしも〟を想像する

前章まで、〝いつも〟の暮らしの習慣やアイテムが〝もしも〟に役立つ話をまとめてきました。三者三様の暮らしの断片から、「似たようなアイテム持ってる！」「我が家のアレも備えになっているのかも？」「私の家だったらこうするといいかな」と、すでにフェーズフリーを身近に感じている方もいるのではないでしょうか。でもなかには、ピンとこない方もいるかもしれませんね。それもそのはず。フェーズフリーは自由に発想し、「あ、これって……」と自分の暮らしのなかで見つけた時に、はじめてその魅力を実感できるからです。〝いつも〟の暮らしはそれぞれ違うので、私たちが紹介したものが、そのままみなさんにとってのフェーズフリーになるとは限りません。では、自分のフェーズフリーを見つけるにはどうしたらいいのでしょうか。

まずは自分の「防災レベル」を知り、現在地、つまり自分の「防災のスタート地点」を把握しましょう。そうすると、やるべきことに優先順位がついて整理しやすくなります。ぜひ128ページからのワークを使って、それを体験してみてください。暮らしをラクにするアイテムに気づいたり、楽しみながらできる備えを考えたりする手立てになると思います。

ワークは、あなたの暮らしの〝いつも〟と〝もしも〟を考えるものです。だから、そこで点と点がつながるようなことがあれば、それはあなたのマイフェーズフリー。見つかった瞬間、これまでやる気になれなかった防災も、不思議と「今すぐやりたいこと」に変わるはずです。〝いつも〟に役立つものを見つけられるようになると「あれも！これも！」と気づくことができるようになり、毎日の暮らしが宝探しのように楽しくなっていきます。

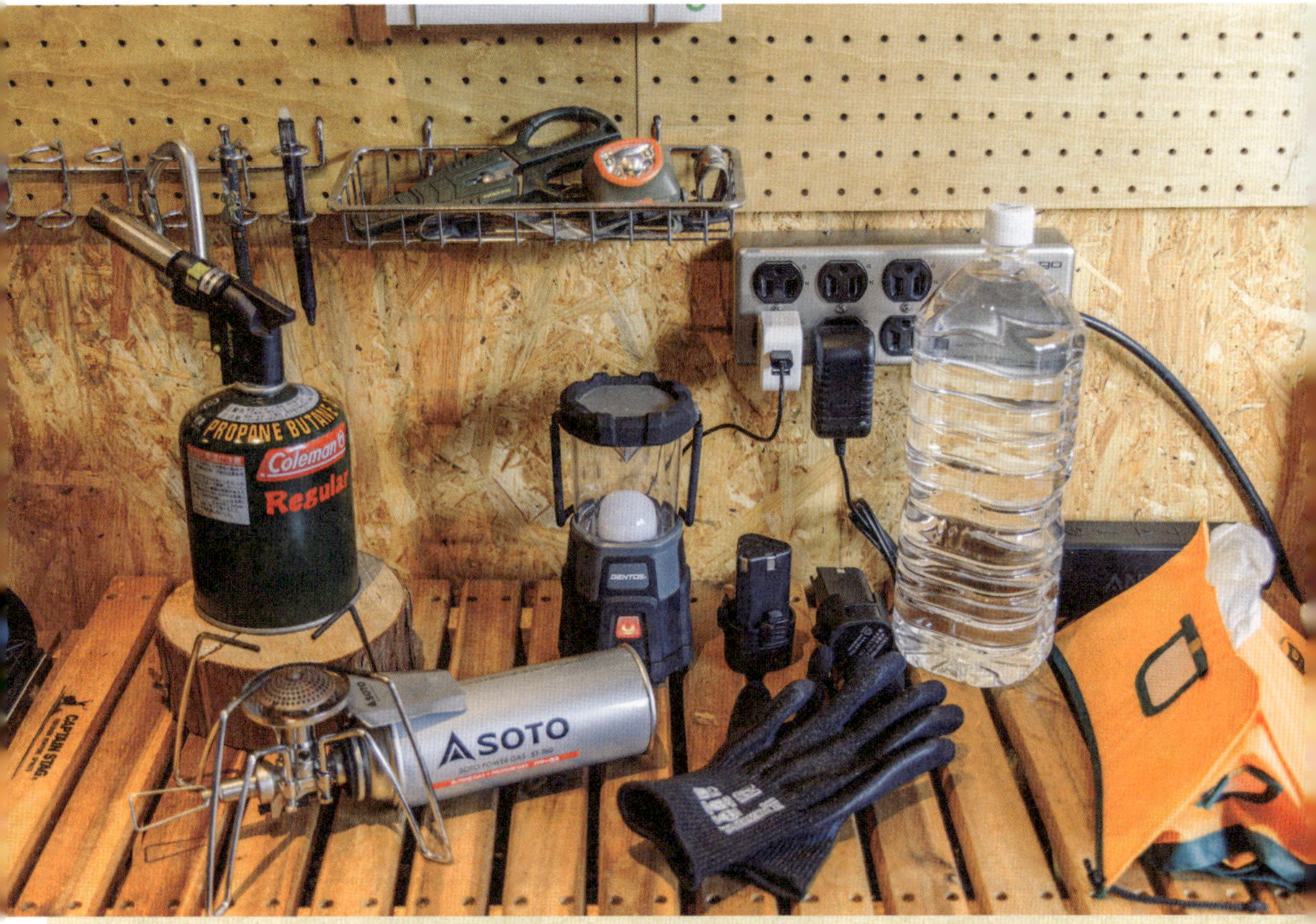
PROPANE BUTANE
Coleman
Regular
SOTO
GENTOS
CAPTAIN STAG

ワーク
防災レベルを知ろう

自分の〝いつも〟は〝もしも〟にどれくらい強いのか。
❶～❺の質問を5段階で評価し、現状を把握しましょう。

普段生活している〝いつも〟を考えてみてください。
❶と❷は自宅のほかに、職場、帰省先など、自分にとって様々な〝いつも〟がある場合は、ぜひ状況別に取り組んでみてください。自宅の備えは万全でも、職場は課題だらけ、ということもあるかもしれません。それに気づくことも防災の第一歩です。

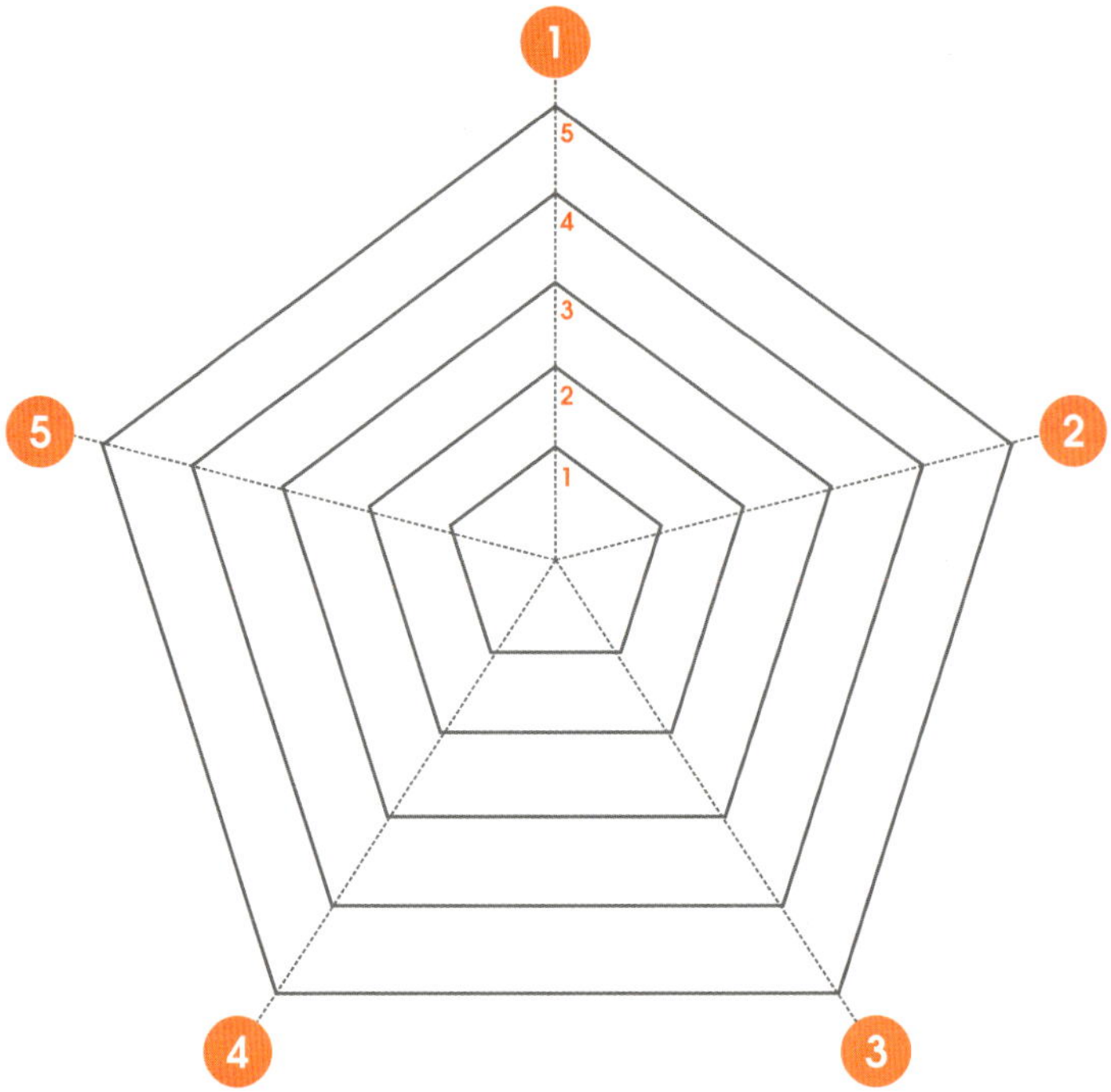

質　問

❶ 安全な空間づくりができていますか？
（耐震補強、家具固定、ガラスの飛散防止、避難経路の確保など）

1. できていない　2. あまりできていない　3. どちらとも言えない
4. 少しできている　5. できている

❷ ライフラインが止まったら、何日過ごすことができますか？

1. 0日　2. 1日　3. 3日　4. 5日　5. 7日以上

❸ 防災バッグと防災ポーチについて、あてはまるものは？

1. どちらも用意していない
2. どちらかは用意している
3. どちらも用意している
4. どちらも半年以内に中身をチェックした
5. どちらも活用して中身をアップデートしている

❹ 家族や身近な人との関係は？

1. あまりコミュニケーションをとっていない
2. あいさつをする程度
3. コミュニケーションを大切にしている
4. 日常的に自分の近状を伝えている
5. 〝もしも〟の時の話を具体的にしている

❺ 今の体調レベルはどれくらい？

1. よくない　2. あまりよくない　3. ふつう　4. よい　5. とてもよい

評価が低いところから意識して、まずはきれいな五角形をめざしましょう。次のページからは考えるヒントをまとめていますので、参考にしてください。防災に取り組んでしばらくしたら、また改めて評価してみてください。〝いつも〟は日々を繰り返すうちに変化します。その変化に気づいたり、新たな課題を感じたり、〝もしも〟に強くなったことを実感する機会になるでしょう。

1

安全な空間づくりのためにできること

災害時に家や建物が倒壊したり、部屋で転倒した家具の下敷きになったりしないよう、
安全な環境をつくることは何より大切。物資の備えより前に、まず考えるべきことです。
評価が1~4の方は、次の項目を参考に、自宅や職場など自分がよくいる場所の安全を確認しましょう。
評価が5の方も、最後の項目は要チェック!

□ ハザードマップで土地の災害リスクを確認

自然災害が発生した際にどんな危険が想定されるのか、ハザードマップをもとに確認しましょう。各自治体のホームページや防災パンフレット、国土交通省のサイト、スマホのアプリなどで最新のものをチェックしてください。

□ 建物の耐震性を確認

建築確認日が1981年5月以前であれば「旧耐震基準」となり、地震による倒壊の恐れがあります。耐震診断を受けて補強工事や引越し、耐震シェルターなどを検討してください。自治体によっては助成制度もありますので、お住まいの担当窓口にお問い合わせください。

※1981年6月以降の「新耐震基準」、2000年6月以降の「2000年基準(木造住宅のみ再改正)」であっても、〝だから安心〟とは限りません。強度に不安があれば耐震診断を受けましょう。

□ 家具の配置と固定

万が一を想定し、倒れたり飛んできたり、避難経路を塞いでしまう恐れのある家具類がないか確認しましょう。危険の少ない場所に向きも考えて配置し、固定または倒れない工夫をしましょう。

□ ガラス類や小物の飛散防止

窓や棚、テーブル、食器、花瓶など、ガラス素材は割れると大変危険です。また、小物のオープン収納や観葉植物の鉢割れなども対策を。飛散防止フィルムや養生テープを貼ったり、置き場所を見直したりして対策しましょう。メラミンやプラスチックなど割れない素材に変えるのも工夫のひとつです。

□ 自分がよく通る道や移動中の安全も守る

場所だけではなく、通勤中の電車内や運転中の車内、スーパーへの買い物や子供のお迎えなど、「今ここで地震が起きたら……」と考えて、移動中の災害リスクや安全対策も考えておきましょう。

2

ライフラインが止まった時のためにできること

発災後、無事に命を守れた先に訪れるのは電気・ガス・水道・通信などのライフラインの停止。

復旧までの間、限られた備蓄で生活しなければなりません。備蓄品は最低でも3日分、
できれば7日分程度必要だと言われていますが、1週間以上の備蓄を推奨します。

まずは、ライフラインが止まったら困ることを想定して、物と知識を備えましょう（114ページ）。

復旧までの過ごし方のポイントは115ページを参考にしてください。

備蓄リスト

電気

□照明（懐中電灯、ライト等）　□発電機（ソーラーパネル等）
□蓄電池（モバイルバッテリー、ポータブル電源等）
□クーラーボックス　□暑さ対策（うちわ、冷却スプレー等）
□寒さ対策（毛布、使い捨てカイロ等）

ガス

□カセットコンロ　□予備のガス缶
□お風呂対策（ボディシート、ドライシャンプー等）

水道

□水（飲料水、生活用水）
□トイレ対策（災害用トイレ、ごみ袋、凝固剤等）
□洗い物対策（洗濯袋、アルコールや除菌スプレー等）
□浄水器　□給水袋　□口腔ケア用品

通信

□ラジオ　□予備の電池　□現金（公衆電話や買い物時用）
□連絡先を記入したメモ（スマホやパソコンが使えない時用）

物流

□食料　□生活必需品（薬、メガネ、救急セット、衛生用品、
赤ちゃん用品、介護用品、トイレットペーパー、着替え、タオル等）
□ごみ対策（防臭袋、コンポスト等）

※備蓄リストは一例です。自分が必要なものを揃えましょう。

3

防災バッグと防災ポーチをつくる＆見直すために考えること

「防災バッグ」は生き延びるための必需品や避難先で役立つアイテムをまとめたもの、

「防災ポーチ」は外出先での災害に備えて持ち歩けるサイズにまとめたものです。

私たち3人の防災バッグと防災ポーチ（70〜75ページ）も、ぜひ参考にしてみてください。

評価が1または2の方

→まずは防災ポーチから用意して、次に防災バッグを用意しましょう。

評価が3の方

→自分が生き延びるために必要なものが揃っているか、期限が切れていないか中身を確認しましょう。また、持って逃げることができる重さかどうかもチェックしてください。

評価が4または5の方

→防災ポーチは日頃から持ち歩いて、日々アップデートしていきましょう。防災バッグは、自宅はもちろん職場や車内など、自分がよくいる場所にも備えておきましょう。出張や旅行のタイミングで持ち出したり、備蓄食として普段から活用したりして消費した分だけ補充するローリングストックをしながらアップデートしていきましょう。

防災ポーチの中身リスト

- ☐ モバイルバッテリー
- ☐ 携帯トイレ
- ☐ 救急用品
- ☐ 携行食
- ☐ 小型ライト
- ☐ ホイッスル
- ☐ 手ぬぐい
- ☐ 現金
- ☐ 連絡先を記入したメモ
- ☐ 筆記具

防災バッグの中身リスト

- □ 水　□ 食品
- □ 防災用ヘルメット、防災ずきん
- □ 衣類、下着　□ レインウェア
- □ 避難所で履く靴　□ ライト
- □ 携帯ラジオ、イヤホン　□ メガネ
- □ 予備電池、モバイルバッテリー、充電ケーブル
- □ マッチ
- □ 救急用品（ばんそうこう、包帯、消毒液、常備薬、体温計等）
- □ 使い捨てカイロ　□ ブランケット　□ グローブ
- □ 洗面用具（ボディシート、ドライシャンプー等）
- □ 口腔ケア用品（歯ブラシ、洗口液等）
- □ タオル、手ぬぐい　□ ペン
- □ マスク　□ 手指消毒用アルコール
- □ ウェットティッシュ　□ ビニール袋

貴重品（通帳、現金、パスポート、マイナンバーカード、運転免許証、病院の診察券等）も一緒に持ち出しましょう。濡れて困るものはチャック付き袋に入れるなど工夫を。

子供がいる家庭の備え

- □ ミルク　□ 使い捨て哺乳瓶　□ 離乳食　□ 携帯カトラリー
- □ 紙オムツ　□ おしりふき　□ ネックライト　□ 抱っこひも
- □ 子供の靴　□ 遊ぶもの（折り紙、トランプ等）

女性の備え

- □ 生理用品、おりものシート　□ サニタリーショーツ
- □ 中身の見えないごみ袋　□ 防犯ブザー、ホイッスル　□ 化粧品

高齢者がいる家庭の備え

- □ 紙パンツ　□ 杖　□ 補聴器　□ 介護食　□ 入れ歯、洗浄剤
- □ 吸水パッド　□ デリケートゾーンの洗浄剤
- □ 持病の薬、お薬手帳のコピー

※中身リストは一例です（参考：首相官邸ホームページ）。自分が生き延びるために必要なものを備えましょう。

4

家族や身近な人とのコミュニケーションをとるためにできること

防災に大切な「自助」と「共助」。自分や家族の命を守り、
周囲の人と協力して助け合うためには、日頃からのコミュニケーションが大切です。

評価が1～3の方

→「自分に何か起きたら」と考えた時にSOSが言える相手はいますか？　ぜひその相手を大切に想い、積極的に連絡とるなど交流を深めていきましょう。

評価が4または5の方

→家族であれば体調や不安なことを伝えておきましょう。近所の人には妊娠・病気などサポートが必要な家族がいることなどを話しておくと、いざという時に気にかけてくれるかもしれません。さらに被災時の行動についてお互いの目線に立ち、シミュレーションをすることで、より具体的な話ができるようになります。

5

体調管理のために考えること

自分自身の体調管理は、めまぐるしい日々を送るなかで後回しになりがち。
体調を把握しておくことは、活力ある生活を送るためにも必要不可欠です。

評価が1～3の方

→とにかく休養をとり、自分を大切に過ごしてください。少しでも気になるところがあれば早めに受診しましょう。

評価が4または5の方

→引き続き良好な体調を維持していきましょう。疲れを感じた時は早めに休みましょう。

ワークを終えて

このワークは、面倒で後回しになってしまう防災をもっと前向きに、
自分ごととして捉えるためにはどうすればいいか、
色々と試行錯誤を重ねた私たちのオリジナルワークです。

気が向いた時、模様替えや大掃除のタイミング、
防災の日などに、ぜひ何度も取り組んでみてください。
この本も、繰り返し読んでいただけるとうれしいです。
読む度に、変化を続ける〝いつも〟と結びついて
新たな気づきがあると思います。

私たちのマイフェーズフリーも日々アップデートし続けています。
楽しく暮らしながら、〝もしも〟と〝いつも〟を行き来して……。

未来は今の続きにあります。
みなさまの未来が明るくありますように。
そして、みんなで手を差し伸べ合った先に、
明るい未来が広がり続けますように。

CAMMOC

PROFILE

CAMMOC（キャンモック）

マミ、カナ、アヤの3人のママキャンパー。防災士やキャンプインストラクターの資格を有し、「キャンプのある暮らし」をテーマに地球の未来を創造する会社を運営する。キャンプ歴はそれぞれ20年以上。自分に合う暮らしや防災を探求し、キャンプを通して無理なく無駄なく楽しく続ける防災法を提唱するほか、テレビ・ラジオ出演、執筆やイベント登壇など、幅広く活躍する。

CAMMOCは、フェーズフリーアクションパートナーです。 PHASE FREE Action Partner

STAFF

撮　影 …………… 浜田大士
イラスト …………… オオカワアヤ
デザイン …………… tenten graphics
校　正 …………… 夢の本棚社
協　力 …………… 佐藤唯行
編　集 …………… 竹田かすみ

ラクして備えるながら防災
フェーズフリーな暮らし方

2024年9月1日　初版第1刷発行

著　者　CAMMOC
発行人　廣瀬和二
発行所　辰巳出版株式会社
〒113-0033　東京都文京区本郷1丁目33番13号 春日町ビル5F
TEL 03-5931-5920（代表）
FAX 03-6386-3087（販売部）
URL http://www.TG-NET.co.jp

印　刷　三共グラフィック株式会社
製　本　株式会社セイコーバインダリー

ISBN 978-4-7778-3066-4 C0077